CLAVES PARA DEJAR LOS PAÑALES

longseller

MEG ZWEIBACK

CLAVES PARA DEJAR LOS PAÑALES

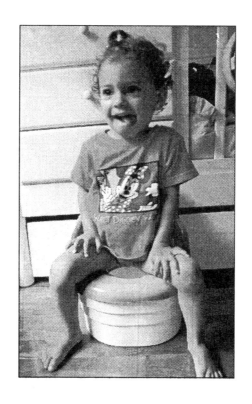

longseller

Título original: Keys to toilet training
Foto de tapa: Laura Kovensky
Traducción: Leandro Wolfson
Corrección: Delia N. Arrizabalaga
Diagramación interior: Mari Suárez

© 1992 Barron's Educational Series, Inc.

© de la presente edición: ERREPAR S.A.1999

Avda. San Juan 960
(1147) Buenos Aires - República Argentina
Tel.: 4300-0549 - 4300-5142
Fax: (5411) 4307-9541 - (5411) 4300-0951
Internet: www.errepar.com
E-mail: libros@errepar.com

ISBN 950-739-729-9

Queda hecho el depósito que marca la ley 11723

Impreso y hecho en la Argentina
Printed in Argentina

Ninguna parte de esta publicación, incluido el diseño de la tapa,
puede ser reproducida, almacenada o transmitida de manera alguna
ni por ningún medio, ya sea eléctrico, químico, mecánico, óptico, de grabación
o de fotocopia, sin permiso previo del editor.

Esta edición se terminó de imprimir
en los talleres de Errepar,
en Buenos Aires, República Argentina,
en el mes de diciembre de 1999.

A Berkeley

RECONOCIMIENTOS

Quiero agradecer a los padres e hijos que atiendo diariamente y que siempre constituyen un motivo de júbilo para mí; a Michael, por su labor de dactilografiado hasta altas horas de la noche y por abstenerse de bromear sobre el tema que elegí; y al doctor Myles Abbott por sus consejos, críticas y sugerencias, y sobre todo por haber fijado normas de excelencia para todos los profesionales que se ocupan de la salud de los niños.

INTRODUCCIÓN

Si está leyendo este libro, es probable que viva con un niño que todavía usa pañales. Puede tratarse de un deambulador que apenas camina, un activo niño de dos años, uno de tres deseoso de aprender o incluso uno de cuatro, de desarrollo tardío. Usted ya debe de haber recibido muchísimos consejos sobre el control de esfínteres, de parte de amigos, familiares, pediatras, personas encargadas del cuidado del niño y hasta de sus compañeros de trabajo. Puede sentirse seguro de lo que es bueno para su hijo o confundido ante tantas teorías diferentes. También puede haber oído que cualquier error que cometa producirá prolongados efectos negativos en su hijo, su familia y en las relaciones entre todos.

Hace más de 25 años que trabajo con padres de niños pequeños como enfermera profesional especializada en pediatría. Ayudo a familias que me formulan y se formulan muchas preguntas sobre la salud, la conducta y el desarrollo, los problemas cotidianos con la comida, el sueño y la disciplina, y sobre los numerosos cambios que experimentan. Casi todas las semanas me encuentro con varias familias que han tropezado con algún obstáculo durante el proceso de enseñanza del control de esfínteres. Ayudé a tantos niños que tenían problemas con el control de esfínteres ¡que me apodaron "tía caca"!

Aunque todos los niños, todas las familias, todos los problemas y todas las soluciones son diferentes, mi experiencia clínica influyó en un aspecto de suma importancia en los consejos que doy a los padres acerca de las dificultades del control de esfínteres. Si bien pasé varios años estudiando pediatría y el desarrollo infantil, descubrí que se puede aprender mucho más de los niños y los padres que de los libros y las revistas especializadas. Sé que todas las soluciones de un problema tienen que basarse en el sentido común. Es por ello que tengo la certeza de que los padres atentos y cariñosos no tienen que preocuparse de que algún hecho producido durante la enseñanza del control de esfínteres cause un daño emocional a su hijo. Los niños son resistentes e indulgentes. Un solo tropiezo en el camino no los desvía del sendero hacia la salud emocional. La culpa y la preocupación desgastan a los padres, quitándoles energía para disfrutar de sus hijos. A medida que lea este libro, si descubre que utilizó un enfoque del cual ahora se arrepiente o que manejó un problema de una forma que no produjo resultados positivos, no mire hacia atrás ni se preocupe. Pruebe algo diferente y siga adelante, como querrá que sus hijos lo hagan conforme aprendan y crezcan.

La mayoría de los padres no leerán todos los capítulos o "claves" de este libro de una vez. Es probable que usted lea las secciones que parecen servirle para las situaciones que experimenta con su hijo en este momento. Por ello, la información y las sugerencias que se aplican a distintas etapas y aspectos del proceso de control de esfínteres se incluyen parcialmente en más de una sección de este libro.

Los consejos y sugerencias de la primera parte lo ayudarán a entender la etapa de desarrollo en que se encuentra su hijo y cómo el temperamento de este puede influir en su aprendizaje del uso del inodoro.

La segunda parte describe en profundidad los aspectos básicos de la enseñanza del control de esfínteres. El método de observar al niño para descubrir si está preparado y los pasos graduales para comenzar a usar la bacinilla (o "pelela") y el inodoro se basan en los trabajos de T. Berry Brazelton, el primer pediatra que realizó y publicó estudios sobre la enseñanza del control de esfínteres centrada en el niño, hace 30 años. Desde ese momento, sus opiniones tuvieron influencia en muchos profesionales del desarrollo infantil que brindan consejos a padres. Los detalles de los consejos sobre el con-

INTRODUCCION

trol de esfínteres pueden variar, lo cual es prueba de que no existe una sola forma correcta de ayudar a un niño en esto. Sin embargo, es probable que el enfoque general del doctor Brazelton y de quienes apoyan sus teorías lo ayuden a usted y a su hijo a alcanzar el éxito en este empeño con el menor estrés y dificultades posibles.

Incluso si los padres esperan hasta ver que el niño está preparado y siguen un método distendido de enseñanza, dando un solo paso por vez, no hay garantías de que no se presentarán contratiempos. La tercera y cuarta partes tratan los problemas comunes y otros más serios. Estas claves describen los primeros signos de los problemas usuales y cómo pueden actuar los padres para evitar que empeoren. Su reconocimiento temprano no siempre puede impedir que los niños experimenten algunos de los problemas corrientes pero más complejos del control de esfínteres; por ende, algunas claves ayudan a los padres a comprender estas cuestiones y a saber cuándo deberían procurar la asistencia de profesionales especializados.

La quinta parte se ocupa de las preocupaciones que tienen los padres y madres que trabajan fuera de la casa respecto de la enseñanza del control de esfínteres a un niño que pasa parte del tiempo en una guardería. Hoy, los padres, por lo general cuidan a sus hijos con la ayuda de terceros. Durante la enseñanza del control de esfínteres, muchos tendrán que estar en contacto con baby-sitters, personas encargadas del cuidado del niño y otros miembros de la familia que pueden tener opiniones diferentes. Además, todos estos individuos establecerán una relación con el niño distinta de la que este tiene con sus padres, la cual puede afectar la enseñanza del control de esfínteres.

Entretanto, la vida familiar continúa en otros aspectos. Los sucesos y experiencias de la vida cotidiana con el hijo, los cambios en la familia y el enfoque general que tienen los padres sobre la educación de su hijo se superpondrán con cuestiones propiamente relacionadas con el control de esfínteres. La última parte trata una serie de temas vinculados con el control de esfínteres y la vida familiar.

El lenguaje usado para describir las funciones y los productos corporales se mantiene uniforme en todo el libro. Muchos adultos utilizan palabras diferentes de las escogidas por mí, y casi todos usamos otros términos cuando hablamos con un niño. La clave dedicada al lenguaje se ocupa de la elección adecuada de las palabras.

A lo largo del libro, me refiero a los niños dando por sentado que pueden ser varones o mujeres. Utilizo el término *padres* (o, a veces, *progenitores*) para designar a padres y madres: no se presuponga que la madre es la única involucrada en la enseñanza del control de esfínteres. No obstante, el uso del plural puede implicar que hay dos progenitores en todos los hogares, lo cual, por supuesto, no siempre es así. Cada niño, a su manera, es diferente de todos los otros, como cada familia lo es de todas las demás. De la misma forma en que los padres adaptarán los consejos de este libro a las necesidades particulares de su hijo, espero que también las adapten a las necesidades particulares de su familia.

PRIMERA PARTE

TODOS LOS NIÑOS SON DISTINTOS

1

DESARROLLO DEL NIÑO DE UNO A TRES AÑOS

El cumpleaños de Laura dejaba de ser un día esperado con ansia cada vez que yo comenzaba a pensar en el control de esfínteres. Había planeado que ese sería el momento de empezar y, de alguna manera, ¡sentía que no teníamos otra salida! Después de unas semanas de preocupaciones, me di cuenta de que Laura no tenía que sentarse en la bacinilla sólo porque había cumplido años el día anterior. Me calmé y decidí comenzar cuando ella pareciera estar preparada: ¡resultó estarlo antes de su cumpleaños!

Algunos padres (y abuelos) están convencidos de que existe una edad correcta (y una incorrecta) para iniciar la enseñanza del control de esfínteres. La mamá de Laura se dio cuenta de que la edad cronológica de su hija no era tan importante como la etapa de desarrollo en que se hallaba. La mayoría de los profesionales especializados en el desarrollo infantil sugieren que un niño de dos años se encuentra en la mejor edad para empezar el aprendizaje, pero algunos niños comienzan antes y otros, después. En esta clave se interiorizará acerca de las características de los niños de uno, dos y tres años. A medida que lea sobre estos grupos de edades, piense en las similitudes y diferencias, desde el punto de vista del desarrollo, entre su hijo y los niños descriptos en el libro. Tenga en cuenta que a menudo el desarrollo se da a saltos y en forma irregular, y que cuando un niño madura en un área, puede estancarse, o incluso retrasarse, en otra. ¡El niño con quien vive hoy puede estar en una etapa diferente la semana próxima!

Los niños de un año

El niño de un año es un niño en permanente movimiento. De caminar con paso tambaleante al principio del primer año, progresará hasta correr a toda velocidad para el segundo, y explorará su mundo moviéndose a través de él.

Aunque su hijo de un año esté aprendiendo a hablar y a responder a instrucciones y preguntas simples, su aprendizaje no ocurre principalmente por medio de las palabras. Necesita hacer, tocar, ordenar y desordenar cosas a su manera para aprender sobre ellas. "Hacer las cosas a mi manera" constituye una gran preocupación para el niño de un año que trata de afirmar su independencia respecto de sus padres. Quiere lo que quiere cuando él lo quiere y no ve al mundo desde otro punto de vista más que el suyo. El nivel de actividad de los niños de esta edad, su necesidad de explorar y su deseo de satisfacerse a sí mismos más que a los demás, pueden convertir en un desafío la enseñanza del control de esfínteres durante este año.

No obstante, si el padre o la madre está dispuesto a permanecer muy cerca, se puede sacar ventaja del amor que tiene el típico niño de un año a la rutina. Tal vez el pequeño deambulador no comprenda que mantenerse seco es más divertido que mantenerse ocupado, pero un padre atento puede "sorprender" al niño justo en el momento en que su posición o expresión facial revela que es "hora de hacer". Si se pone al niño en la bacinilla de inmediato y este orina o va de cuerpo, el éxito rápido, reforzado con elogios, puede crear un patrón de conducta de colaboración en cuanto al uso de aquella. Esta colaboración no es igual al uso automotivado y autodirigido del inodoro. El niño de un año necesitará la participación continua de sus padres para mantenerse seco. Si estos no tienen inconvenientes en realizar el esfuerzo y si el niño no opone resistencia, no hay problema en tratar de iniciar el control de esfínteres en esta etapa.

Los padres deben recordar que, en su segundo año, un deambulador normal con frecuencia se resistirá o se opondrá a actividades que antes solían encantarle. Si un niño usa la bacinilla con regularidad y luego se niega a hacerlo, los padres deben estar preparados para no trabarse en una batalla con él. Si ejercen presión o se enojan, el niño puede tornarse más desafiante. Una lucha de poder sobre una cuestión que a la larga debe ser responsabilidad del niño, quizás origine interminables peleas sobre el control de esfínteres.

Los niños de dos años

A los dos años, la mayoría de los niños comienzan a prestar atención durante más tiempo en actividades tranquilas. Pueden sentarse para escuchar un cuento, jugar o esperar una golosina o la cena. La capacidad de sentarse y de focalizar la atención es de suma importancia para obtener éxito en la enseñanza del uso de la bacinilla.

Un niño de esta edad que experimenta rutinas y horarios en su vida cotidiana también habrá desarrollado un sentido del orden y de la predecibilidad. De hecho, muchos padres notarán que algunos niños están tan acostumbrados a sus rutinas que protestan ante cualquier cambio en sus horarios habituales. Observarán que es más probable que coopere en la rutina del aprendizaje del control de esfínteres un niño que ya tiene una rutina predecible en otras actividades.

Muchos niños de dos años prefieren el orden. Pueden alinear sus autitos o muñequitos, poner sus zapatos en hilera o insistir para que les acomoden sus almohadas y muñecos de peluche justo antes de dormirse. Este sentido del orden constituye un indicio de que están empezando a creer en la existencia de un orden y un modo de hacer las cosas "correcto" y uno "incorrecto". Esta creencia puede ser muy útil cuando se quiere motivar al niño para que domine todas las etapas del uso de la bacinilla.

La creciente capacidad del niño de dos años para hablar, escuchar y comprender posibilitará a los padres contarles o leerles cuentos sobre otros niños que realizan el mismo aprendizaje. Su gran imaginación contribuirá a ocuparlo en técnicas de juego que complementan la enseñanza del control de esfínteres, tales como mirar a su muñeca o a su oso de peluche mientras usa una bacinilla imaginaria.

También puede resultar más sencillo para los padres enseñarle a controlar los esfínteres a un niño de dos años porque, si bien su capacidad de atención es mayor, sus actividades todavía son probablemente breves y sencillas. Interrumpirle sus actividades para que tome un descanso sentado en la bacinilla no presenta tantas dificultades a esta edad como lo hará a medida que el niño madure. Además, conforme se acerca a los tres años, su natural negatividad y su conducta opositora a todo lo pedido por sus padres tienden a disminuir. Sin embargo, una vez que ha comenzado la enseñanza del control de esfínteres será mejor decirle "Hora de hacer", que preguntarle "¿Quieres hacer?"

Los niños de tres años

Un niño de tres años es mucho más lógico que el de dos y se propone objetivos precisos. Muchos padres descubren que, gracias a haber esperado hasta que su hijo tuviera tres años, el deseo de este de cuidarse a sí mismo, de sentir orgullo por sus logros y de sentirse capaz hará que el proceso de control de esfínteres avance a mayor velocidad. Al mismo tiempo, los padres necesitan saber que un niño de esta edad está menos dispuesto a que lo distraigan de sus juegos para usar la bacinilla. Si se siente cómodo usando pañales, puede sentir que sentarse en la bacinilla no es para nada tan interesante como terminar un rompecabezas o hacer un dibujo. Asimismo, este niño tiene el habla tan desarrollada como para oponer argumentos y negociar con sus padres sobre sus razones para negarse a usar la bacinilla. Un niño de menor edad es todavía tan dependiente de sus padres como para que "se le enseñe", combinando la participación de los padres con las rutinas que luego se transformarán en hábitos del niño. En cambio, el de tres años tendrá que estar automotivado para aprender, como algunos padres descubrieron para su desconsuelo.

Que usted deba comenzar la enseñanza del control de esfínteres cuando su hijo tiene un año, dos o tres, dependerá de lo que sepa sobre él. No obstante, no espere a que decida por usted. Aunque oiga historias sobre niños que anuncian haber terminado con los pañales y que tienen un control absoluto de sus esfínteres a la tarde siguiente, estos son la excepción. Si aguarda hasta que su hijo tenga edad suficiente para decidir por sí mismo usar el inodoro, puede llegar a esperar un largo, largo tiempo.

2

DIFERENCIAS DE TEMPERAMENTO

*F**ue tan fácil enseñarle a Gabriel que jamás pensamos que sería diferente con Daniela. Pero ella se diferencia de su hermano mayor en tantos aspectos que nos deberíamos haber dado cuenta. Para empezar, no puede sentarse quieta tanto como él. Y cuando se enoja, es como un volcán en erupción. Así que hacerla cooperar para sentarse en la bacinilla antes de que esté más calmada sería imposible.*

Ana siempre tuvo una gran capacidad de atención y no hacía dos cosas a la vez. La primera etapa de la enseñanza del control de esfínteres resultó sencilla. De hecho, en ocasiones quería seguir sentada en la bacinilla después de haber terminado, ¡porque estaba mirando un libro o examinando la junta entre las baldosas del piso! Pero ahora que tiene tres años y va al jardín de infantes, le entusiasman por igual sus otras actividades. Se niega a dejar de jugar para ir al baño a menos que su maestra se lo ordene o que todos los demás niños también lo hagan.

Los niños son todos distintos unos de otros en el momento de nacer. Todos notamos las diferencias y las comentamos. "¡Tiene la nariz del papá!". "¡Ese carácter me recuerda a vos!". "¡Le encanta sentarse a cavar en el jardín! Nadie puede creer que un nene tan chiquito sea capaz de hacer lo mismo durante tanto tiempo."

Las diferencias innatas que los padres observan entre los bebés se denominan diferencias de temperamento. Estas características disímiles a menudo permanecen en el niño durante toda su vida y a veces presentan un verdadero desafío para los padres. Esta clave describe algunas de las diferencias de temperamento entre los niños, que pueden afectar el proceso de enseñanza del control del esfínteres.

Nivel de actividad

Si un niño es muy activo por naturaleza, una visita al parque puede ser muy divertida si este está preparado y cercado para que los niños pequeños jueguen allí. Pero si de regreso a casa, el padre o la madre de ese niño muy activo decide pasar por el mercado a fin de hacer algunas compras para la cena, el niño puede negarse a sentarse en el carrito y tratar de correr por los pasillos en busca de su cereal favorito. Si un padre se lamenta diciendo: "No puedo llevar a mi hijo de dos años a ningún lado sin tener que ponerme a correr detrás de él al menos una vez", es probable que tenga un niño activo.

Un niño con esta característica puede mostrarse en extremo renuente a sentarse en la silla con bacinilla a una edad temprana. ¡Estar sentado no es divertido cuando preferiría correr! Entonces, si su hijo piensa que es divertido usar esa silla sólo para alcanzar la pileta, y usted ha notado que incluso si le cuentan un cuento o le cantan una canción se empieza a inquietar después de estar sentado un minuto en la bacinilla, es bueno que posponga la enseñanza. Si el padre o la madre se traba en una batalla con su hijo para que este se siente y se quede quieto, es probable que la tensión interfiera con el aprendizaje y postergue aún más la cooperación del niño.

Regularidad

Otra característica innata consiste en la regularidad o periodicidad. Algunos bebés y niños pequeños son muy predecibles respecto de sus patrones de comida, sueño y evacuaciones intestinales. Otros no lo son. A los padres de un niño muy regular les puede resultar más fácil enseñarle a controlar los esfínteres porque ya cumple un horario y será más probable que vaya de cuerpo a la misma hora todos los días. Además, estos padres por lo general se tornan más rutinarios y predecibles ellos mismos como reflejo de su hijo.

Si bien puede resultar muy divertido que una familia sea flexible y espontánea, y frustrante si su hijo está listo para hacer la siesta justo cuando usted llega para celebrar su fiesta de cumpleaños, una rutina organizada presenta ventajas durante la enseñanza del control de esfínteres. El trabajo con un horario que se ajusta a las necesidades de predecibilidad del niño asegurará que se alcance el objetivo deseado. Si un niño es impredecible, sus padres tendrán que buscar algún patrón de conducta (tal como ir de cuerpo después de bañarse o hacer pis justo después de despertarse de una siesta) y reforzarlo para que el niño pueda adaptarse al aprendizaje con mayor éxito.

Atención

Otra característica de los niños de temprana edad que influye en el control de esfínteres es su lapso de atención. Cuando los niños comienzan su aprendizaje, resulta más fácil enseñarles a aquellos que tienen un lapso de atención más prolongado. Pueden atender a los motivos por los cuales están usando la bacinilla y no distraerse con los ruidos que vienen de otra habitación o los dibujos del empapelado. Sin embargo, el mismo niño que puede concentrarse en usar la bacinilla también puede prestarle gran atención a un rompecabezas, una manualidad o el pozo que está cavando en el arenero. Una vez que se involucra en una actividad, es difícil interrumpirlo y si está haciendo algo que le interesa puede hacerse encima sin siquiera notarlo. Sus padres tal vez piensen: "¿Qué podría ser más importante que ir a sentarte en la bacinilla así no te haces encima?" Para el niño, nada reviste tanta importancia como lo que está haciendo en ese momento. Si los padres reconocen esta característica y la aceptan en vez de culpar al niño por tener "accidentes", su vida será más distendida. A medida que el niño crece, se le puede enseñar a ir al baño en momentos de transición natural, por ejemplo antes de salir de la casa, para no tener que interrumpir ninguna actividad.

Intensidad

Otra característica de los niños que puede transformar cualquier tarea de su crianza en un trabajo extra para los padres es la intensidad. Un niño muy intenso es aquel que se expresa apasionadamente acerca de todo. A los padres, por lo general no les molesta que su hijo se ría de felicidad a carcajadas, pero cuando se enoja deben preocuparse, porque su furia no tiene fin. Enseñarle a un niño intenso a controlar los esfínteres puede constituir un desafío debido a que los padres tendrán que hacer un gran esfuerzo para permanecer calmados y evitar los enfrentamientos. Aunque el consejo de este libro consiste en evitar las contiendas de poder referentes al proceso de control de esfínteres, los padres de niños intensos saben que, por momentos, *todo* puede sentirse como una lucha. Si se permite a un niño intenso dominar un hogar con sus gritos y protestas, es probable que se torne incontrolable. Con esta clase de niños, casi siempre es mejor dedicarse primero a establecer límites en otras cuestiones. Una vez que los padres sean expertos en el manejo de las reacciones de su apasionado hijo durante las comidas, los juegos y a la hora de acostarse, podrán dedicarse al control de esfínteres con mayor confianza y calma.

SEGUNDA PARTE

LOS PRINCIPIOS BÁSICOS

3

¿CUÁNDO COMENZAR?

Quizás las ideas que presenta este libro acerca del control de esfínteres sean nuevas para algunos padres. En el pasado, muchos padres comenzaban con la enseñanza del control de esfínteres cuando su hijo era muy pequeño. Se consideraba negligentes a las madres (¡no a los padres!) si sus hijos usaban pañales después de los dos años. Hace unos treinta años ocurrió un gran cambio en nuestras ideas sobre este tema, cuando el pediatra T. Berry Brazelton, en un estudio de más de mil niños, descubrió que, con un enfoque del control de esfínteres "centrado en el niño", la mayoría de ellos controlaban ya sus esfínteres a los 28 meses y virtualmente todos hacían lo propio a los tres años. En 1997, un gran estudio de deambuladores en buen estado de salud, llevado a cabo por la Facultad de Medicina de la Universidad de Pennsylvania, mostró una tendencia hacia un control aún más tardío; muchos niños, en particular los varones, no eran instruidos en el control de esfínteres hasta pasados los tres años.

Otros factores influyen hoy en los padres para que esperen más tiempo que sus propios padres antes de empezar con el control de esfínteres: los pañales descartables, los servicios de recolección y cambio de pañales y las bombachitas de goma reducen al mínimo el enchastre y la cantidad de pañales cambiados. Asimismo, en la actualidad la mayor parte de los padres y madres están "fuera de casa" al menos varias horas por día, por lo que los niños no pasan todo el tiempo en casa, donde pueden practicar el uso del baño en un ambiente familiar. Los niños que dividen sus días entre la casa y una institución dedicada al cuidado de niños obligan a sus padres a coordinar los planes para la enseñanza del control de esfínteres con los otros adultos que atienden a sus hijos.

El tamaño de la familia también establece una diferencia. Conforme las familias se reducen, hay menos hermanos y hermanas mayores a quienes imitar, y el interés del niño por usar el baño debe derivar de observar a los padres, que tal vez no deseen hacerles una demostración cada vez que hacen uso de ese lugar. A menudo los hermanos y hermanas se llevan cada vez más años y los padres no quieren verse ante el problema de tener dos hijos con pañales al mismo tiempo.

Antes, los padres solían creer que un niño que controlaba sus esfínteres a una edad muy temprana era muy inteligente o tenía padres muy competentes. Ahora sabemos que la conducta respecto del control de esfínteres no se relaciona con una gran inteligencia y que ejercer presión en un niño para que use el inodoro antes de estar preparado, genera en él rebelión y resistencia, lo cual extiende el proceso de aprendizaje por más tiempo que si los padres hubieran esperado para comenzar.

Con frecuencia se les dice a los padres: "No se preocupen, cuando empiece el jardín de infantes ya no va a usar pañales" o, en ocasiones, "No se hagan problemas, seguro que no va a usar pañales el día de su boda", y es probable que ambos comentarios sean ciertos. Sin embargo, el control de esfínteres no es una tarea de desarrollo autoaprendida ni automotivada, como aprender a caminar. Su hijo necesitará su colaboración para aprender qué se espera de él y cómo llevar a cabo las numerosas y pequeñas actividades que forman parte del hecho de hacerse responsable de su propia higiene. Luego requerirá su supervisión y apoyo para continuar siendo responsable cuando no esté en casa. Después de un tiempo, ambos olvidarán que alguna vez fue necesaria la participación del padre o de la madre, pero casi todos los niños la necesitan durante muchos meses en el camino hacia el control de esfínteres.

Dado que las familias son diferentes entre sí en todos los aspectos, también difieren en la forma de encarar el control de esfínteres. Los mismos niños son distintos unos de otros y por ende, lo que funciona con uno en una familia puede no hacerlo con otro. Lo que puede parecer un desafío o un problema durante el período en que su hijo aprende a dominar esta habilidad universal semeja ser una cuestión secundaria algunos meses o años después.

Lo esencial para el éxito en el control de esfínteres no es empezar el proceso a una cierta edad. El éxito deriva de comenzar cuando su hijo está realmente preparado. La próxima Clave le enseñará a reconocer los signos que revelan si su hijo alcanzó este estado.

4

¿YA ESTÁ PREPARADO?

Cuando Elena tenía 20 meses, asistimos a una reunión familiar. Corriendo y trepándose, jugaba a la pelota en el jardín con sus primos, mayores que ella. Nuestros parientes deben de habernos preguntado montones de veces: "¿Todavía no le sacaron los pañales a Elena?". Mi cuñada, quien tiene cinco chicos, nos apuntó con el dedo y comentó: "¡Si me hubiera pasado todo el tiempo cambiando pañales como ustedes, nunca habría llegado a hacer nada!". A la abuela de Elena pareció no importarle. "Cambiarle los pañales no da mucho trabajo y le encanta que la ayude a vestirse cuando termina. No hay apuro." Pero nos sentimos un poco preocupados. Cuando regresamos a casa, compramos una silla con bacinilla y tratamos de hacer que Elena se sentara en ella. Pero no se quedaba más de diez segundos y, si la instábamos a que permaneciera sentada más tiempo, corría por la habitación. Estaba en una etapa en la que parecía hacer todo al revés de como se lo pedíamos, por lo que unas semanas más tarde desistimos y nos resignamos a usar pañales hasta que fuera más grande. Pero no dejábamos de preguntarnos: "¿Qué estamos haciendo mal?"

Los padres de Elena no hacían nada mal y, probablemente, sus parientes tampoco. Elena era una deambuladora normal y vivaz. Algunos niños de su misma edad pueden haber estado preparados y deseosos de empezar a usar la bacinilla, en especial si en casa tenían hermanos y hermanas mayores a quienes imitar. Pero Elena no mostraba los signos de estar preparada, que vuelven más fluido el aprendizaje del control de esfínteres para la mayoría de los niños. Fue el pediatra T. Berry Brazelton quien describió estos signos por primera vez. Observó en su trabajo casi dos mil niños y descubrió que, si los padres comenzaban con el control de esfínteres cuando la conducta del niño indicaba que estaba preparado, se topaban con menor resistencia.

Los signos que permitirán a los padres saber cuándo un niño está preparado para empezar a controlar sus esfínteres son los siguientes:

- El niño permanece seco al menos durante dos horas seguidas durante el día.
- El niño hace una pausa breve en el juego para orinar o ir de cuerpo. Esto revela que conoce las sensaciones de su cuerpo que se convertirán en las señales indicadoras de la hora de hacer.
- El niño puede comprender y obedecer instrucciones sencillas y decirle, a veces, a sus padres que necesita que le cambien los pañales (¡lo cual no significa que siempre desee que lo hagan!)
- El niño imita muchas conductas adultas, como cepillarse los dientes o usar un tenedor. Está aprendiendo a vestirse y desvestirse y trata de hacer las cosas sin ayuda.
- El niño puede permanecer sentado y quieto en su sillita durante unos tres a cinco minutos mientras le hablan o leen.
- El niño no se encuentra en unos de los períodos intensos de negatividad que suelen aparecer y desaparecer durante sus años de deambulador.

Pese a saber hablar y ser una niña brillante, Elena no mostraba muchos de estos signos. Sólo hacía un alto en sus actividades, e incluso quedaba inmóvil por un momento, cuando estaba haciendo sus necesidades. Se mantenía seca por dos o tres horas de una vez, pero no daba señales de prestar atención a la sensación de hacerse encima o de haberse hecho. En general, cooperaba cuando le ponían la ropa, pero se necesitaba estimularla tanto para que se vistiera o desvistiera sin ayuda, que sus padres llevaban a cabo la mayor parte de la tarea. A Elena le encantaba correr y jugar y podía seguirle el ritmo a niños mayores. Sin embargo, no tenía mucho interés en permanecer quieta mientras estaba sentada. De hecho, sus padres habían notado que hasta hacía muy poco le gustaba caminar mientras le leían cuentos a la hora de acostarla. Fue sólo desde que comenzó a disfrutar de mirar los dibujos de los libros y de señalar distintos objetos, que estuvo dispuesta a sentarse por más de cinco minutos. Por último, Elena empezaba a demostrar oposición en sus interacciones diarias con sus padres. Al igual que muchos deambuladores, afirmaba su independencia diciendo "no", incluso cuando parecía querer decir sí, y haciendo casi cualquier cosa excepto lo que sus padres acababan de pedirle. Si los padres de Elena hubieran perseverado en tratar de que usara la bacinilla, dicha conducta opositora, sumada a las áreas en las que no estaba evolutivamente preparada para controlar sus esfínteres, habrían transformado la situación en una batalla innecesaria. En cambio, dejaron de presionarla para que se sentara en la bacinilla. Llamaron a sus parientes para pedirles consejos: qué les había dado resultado y qué no. Ante su sorpresa, descubrieron que algunos de los primos de Elena habían empezado a usar el inodoro antes de los dos años y que otros ni siquiera habían estado dispuestos a sentarse en la bacinilla hasta los dos años y medio. Los consejos eran tan variados que los padres de Elena se dieron cuenta de que no existía una técnica única que funcionara con su hija o cualquier otro niño, y que había que tomar el consejo general de "Comenzar ahora" sólo como una sugerencia.

5

EL COMIENZO: PRIMERA ETAPA

Cuando su hijo ya parezca preparado para comenzar a controlar sus esfínteres, el próximo paso hacia el éxito será asegurarse de que los padres también lo están. Antes de empezar, espere una época en que su propia vida sea bastante rutinaria y estable durante varias semanas, si no por más tiempo. No planee comenzar si la familia sufre alguna perturbación, como una enfermedad, problemas conyugales o trastornos emocionales graves. El nacimiento de un bebé se trata en otro capítulo. Aunque no es aconsejable iniciar el control de esfínteres justo cuando se espera un nuevo hermanito o hermanita, no hay motivos para postergarlo hasta después del nacimiento del bebé si su hijo parece estar preparado uno o dos meses antes de la fecha de parto.

Evite comenzar la enseñanza del control de esfínteres en momentos de trastornos familiares. Ello no significa que deba esperar hasta que no haya ningún tipo de cambios o tensiones en la familia. No obstante, dado que este aprendizaje requiere que su hijo incorpore nuevas conductas, es ideal que no tenga que adaptarlo a una variedad de entornos, a horarios irregulares o a muchas personas diferentes. A los niños que tienen que enfrentar un alto grado de impredecibilidad en la vida diaria, a veces les cuesta adaptarse a nuevas rutinas. Aunque un niño esté "preparado" desde el punto de vista del desarrollo, le resultará más fácil aprender si se encuentra en una situación que le favorece la práctica de sus nuevas habilidades en forma regular. Si en estos momentos el futuro le resulta impredecible, quizá sea preferible que postergue la enseñanza del control de esfínteres hasta que su hijo sea un poco más grande. También puede pensar en ordenar un poco más su propia vida.

Algunas familias con muchas actividades empiezan con éxito el control de esfínteres en vacaciones. Si bien el entorno de las vacaciones resulta menos familiar que el hogar, la familia está distendida y lleva una vida más tranquila que de costumbre. Una familia se lo enseñó a su hijo durante la convalecencia de la varicela. Dado que todos los miembros de la familia tenían que quedarse en casa de todos modos, decidieron aprovechar para practicar el uso de la bacinilla.

Cuando tanto usted como su hijo estén preparados para comenzar, ese será el momento de comprar una *silla con bacinilla* si todavía no lo hicieron. En caso de tenerla desde que su hijo era un pequeño bebé, asegúrese de que aún es de un tamaño adecuado para él. Es importante que su hijo se sienta cómodo en el asiento y que la silla sea de la medida exacta para que él pueda apoyar los pies en una superficie dura mientras "hace". La Clave 7, "Elección de la bacinilla", brinda más información acerca de estas. Dígale a su hijo: "Esta es tu bacinilla", y permítale examinarla, cargarla, desarmarla si él lo desea, jugar con ella y decidir con usted dónde ubicarla.

En el caso de muchos niños, en especial los que están en los primeros meses de su segundo año, es mejor comenzar dejando que el niño practique el uso de la bacinilla mientras está vestido. Tal vez el asiento resulte frío y duro al principio, por lo que colocar una tela entre la piel y la bacinilla les facilita la tarea a muchos niños. Por supuesto, si su hijo desea sacarse el pañal, permítaselo.

Lleve uno de los muñecos o muñecas favoritos de su hijo para que lo mire mientras "está ahí". Puede dejar que el muñeco o muñeca también pruebe a sentarse. Los padres con imaginación pueden contarle al niño qué contenta se siente la muñeca con la nueva bacinilla o que hace tiempo que el osito Pompón espera tener una propia. A la mayoría de los niños les encanta mirar a un oso de peluche o una muñeca "sentarse", y puede utilizar esta técnica para ejemplificar todas las demás conductas relacionadas con el control de esfínteres que va a enseñarle. Los niños aprenden mucho más observando que si los padres les dicen qué deben hacer.

Haga que su hijo se "siente" unos minutos mientras le lee un cuento, le canta una canción o simplemente le habla. Dígale que ahora él está practicando cómo sentarse en la bacinilla y que más adelante podrá usarla cuando tenga que hacer "pis" o "caca" (o cualquier otra expresión que desee emplear). Si su hijo no quiere sentarse, no trate de convencerlo. Si un niño opone resistencia absoluta a sentarse y el padre o la madre insiste, estallará una lucha de poder que puede demorar todo el proceso. Continúe con estas prácticas durante unos días o una semana.

En la segunda semana, en un momento en que su hijo esté desnudo (por ejemplo, antes o después del baño), sugiérale que pruebe a sentarse en la bacinilla con la cola al aire. Tampoco insista si no quiere hacerlo. Continúe con las sesiones de práctica una o, a lo sumo, dos veces por día durante otra semana. A esta altura, su hijo se sentirá cómodo con la bacinilla, como algo que le resulta familiar y que forma parte de su rutina diaria. Tal vez haya agregado sus propias rutinas, tales como pasear con ella por la casa o fingir leerle un cuento a uno de sus ositos mientras este la usa. Su hijo ahora está preparado para tener más momentos de práctica, que pueden orientarse de modo tal que en realidad la use para "hacer".

6

EL COMIENZO: SEGUNDA ETAPA

Una vez que a su hijo le agrade sentarse en la bacinilla unos minutos todos los días, usted puede comenzar a incrementar sus oportunidades de práctica. Los pasos que llevan al control de esfínteres descriptos en esta clave pueden denominarse "el plan de dar un paso por vez". Cada paso se basa en el anterior. Conforme padres e hijo practican cada paso, se pone énfasis en la cooperación y no en ejercer presión en el niño. Puesto que el ritmo es lento y el tiempo dedicado a la práctica diaria es breve, la mayoría de los niños disfrutarán de "sentarse". Si el niño presenta cierta resistencia, el padre o la madre debe disminuir la presión o hacer un alto en el proceso. El plan de enseñanza está diseñado para obtener un progreso lento y parejo orientado al control independiente de los esfínteres. Algunos niños pueden llegar a controlarlos rápidamente, pero el objetivo de este método no es un aprendizaje veloz, sino un niño independiente y orgulloso de sus logros.

Si su hijo está dispuesto, puede comenzar entonces a hacerlo sentar en la bacinilla a intervalos más regulares. Siempre escoja un momento distendido. Los mejores momentos son después de las comidas, a media mañana, justo después de una siesta o antes o después del baño. Cualquiera sea la hora que elija, el niño debe sentir que esta actividad es sencilla y placentera. No necesita transformarla en la más excitante o importante del día.

A algunos niños les gusta sentarse en la bacinilla mientras observan al padre o la madre prepararse para el resto del día frente al lavatorio del baño. Si a los padres no les molesta, pueden permitirle al niño mirarlos cuando se sientan en el inodoro. Quizás incluso el niño quiera sentarse en su bacinilla al mismo tiempo. Aunque los padres varones quieran mostrarles a sus hijos también varones cómo orinar de pie, es bueno alentarlos para que al principio lo hagan sentados. A un varón se le puede enseñar cómo empujar su pene hacia abajo para embocar el chorro de orina dentro de la bacinilla o del inodoro. Los niños tardan un poco en aprender a apuntar y es mejor que dominen el uso de la bacinilla sentados antes de enseñarles otra habilidad.

Cumpla con este plan de horarios regulares para sentarse en la bacinilla, pero no ejerza presión sobre el niño. Si este no desea sentarse muy a menudo, tómese un descanso de una o dos semanas y luego inténtelo otra vez. Haga que cada práctica sea breve y siempre escoja un momento en que su hijo no esté demasiado concentrado en otra cosa. Cuando lo lleve a la bacinilla, lo ayude a quitarse el pañal y se fije si está mojado o sucio, puede decirle: "Mira, un día vas a poner tu pis y caca en la bacinilla en vez de ponerlos en tu pañal".

Cuando quiera que su hijo vaya a sentarse en la bacinilla, no le pregunte: "¿Quieres usar la bacinilla?" Un niño de dos años con frecuencia contesta todas las preguntas con un "¡No!" En cambio dígale de manera informal: "Ahora vamos a usar la bacinilla" o "Ahora es un buen momento para sentarse en la bacinilla mientras te leo un cuento". Si aun así su hijo se muestra renuente, modere los pedidos o suspéndalos por completo durante unas semanas.

Algunos padres tal vez puedan elegir para la enseñanza los momentos en los que notaron que su hijo generalmente orina o va de cuerpo. Así aumentan las posibilidades de que el niño "haga" mientras está sentado. Si su hijo se despierta seco de una siesta o a la mañana, hay muchas posibilidades de que necesite "hacer" pronto. Después de una comida, la sensación del niño de tener el estómago lleno desencadena un reflejo natural que lo puede hacer ir de cuerpo. Mientras el niño está sentado, quédese con él, ya sea hablándole o leyéndole un cuento. Recuerde que el tiempo que lo tiene sentado cada vez debe ser breve, no más de dos o tres minutos, y no lo presione o fuerce a sentarse si él no lo desea.

En algún punto de este proceso, quizás al principio o quizás después de varias semanas, su hijo orinará o irá de cuerpo en la bacinilla. Este es, por supuesto, el momento que los padres han estado esperando. Resulta tentador reaccionar como si fuera el más maravilloso de los logros. Muchos padres se sienten tan emocionados que llenan al niño de alabanzas. En el caso de algunos niños, esta reacción incrementa su placer y puede motivarlos a que traten de conseguir más éxitos. No obstante, en ocasiones, demasiados festejos pueden abrumar al niño. No es aconsejable que la alegría del padre o la madre por este éxito sea más motivadora que el orgullo del niño por su propio logro.

Después de que su hijo ha obtenido un logro, cada vez que se siente sugiérale que, al terminar, mire lo que dejó en la bacinilla. Por supuesto, habrá ocasiones en las que no dejará nada. En estos casos dígale: "Ah, bueno, otra vez habrá alguna cosa para ver". Cuando haga algo, dígale que el próximo paso es que usted lo pondrá en el inodoro. Recuérdele que, cuando uno va al baño, se tira la cadena o se acciona un botón o tecla y se deshace del pis y la caca a través del inodoro. Puede preguntarle si quiere mirar y hacer esto él mismo. A algunos niños les interesa mirar lo que se va por el inodoro o encargarse de poner en marcha un mecanismo. Algunos pueden parecer perturbados por ver que el padre o la madre hace desaparecer lo que ellos acaban de generar; si su hijo parece sentirse molesto, omita este paso hasta que él salga del baño.

En general, no sirve de nada explicarle cómo funciona el inodoro a un niño de dos años o en los primeros meses del tercer año. A medida que los niños alcanzan sus tres años y medio o cuatro, tienden a interesarse más en las cañerías. Sin embargo, los padres pueden señalar el agujero en el inodoro y decirle al niño que es pequeño, la medida exacta para un poco de caca y algo de papel higiénico, pero no para mucho más. Si a su hijo sí le interesa mirar cómo se usa el inodoro, no deje de comentarle que no es un juguete. Dígale que sólo puede usarlo cuando esté con usted. Si a su niño tienden a gustarle los experimentos, puede ser necesario colocar un gancho de seguridad en la tapa del inodoro y guardar el papel higiénico fuera de su alcance a fin de evitar una visita del plomero.

Después de que su hijo ha usado la bacinilla con éxito una vez, es probable que usted espere que comience a utilizarla todas las veces. Quizás lo haga, quizás no. Si él colabora, es posible aumentar el número de veces que lo lleva a la bacinilla por día. Si usted está en casa todo el día, puede sugerirle que se siente cada dos o tres horas.

Continúe manteniendo breve cada práctica. Si el niño quiere permanecer sentado por más de tres minutos, no tiene por qué sacarlo, pero no lo motive a quedarse sentado mucho tiempo mediante la lectura o la charla. Su objetivo no es enseñarle que el momento pasado en la bacinilla es un momento de sociabilidad.

Incluso si observa que su hijo tiende a mojar o a ensuciar el pañal cinco minutos después de levantarse, no trate de hacerlo sentar por más tiempo. Todavía puede no conocer lo bastante la sensación de "necesitar hacer" como para volver a sentarse. También puede querer esperar a tener puesto el pañal otra vez para hacer. Si lo obliga a permanecer sentado por más tiempo, el niño empezará a aguantarse en lugar de comenzar en forma paulatina a sentirse suficientemente cómodo para hacer en la bacinilla. Enojarse con su hijo porque hizo demasiado tarde no ayuda en nada. Puede retrasar su progreso si él siente que usted trata de controlarle el cuerpo. La mayoría de los niños de dos años reaccionan ante esta clase de presión oponiendo resistencia. En vez de retarlos o expresar descontento, cámbiele el pañal y dígale que algún día y sin ayuda, él podrá usar la bacinilla en lugar del pañal.

EL COMIENZO: SEGUNDA ETAPA

Siga con esta etapa de la enseñanza hasta que el niño orine o vaya de cuerpo en la bacinilla varias veces por día. Puede ayudarlo vistiéndolo con ropas sencillas y fáciles de bajar rápidamente. A algunos padres les resulta útil dejar al niño andar por la casa sin pañal para que él mismo empiece a ir a sentarse en la bacinilla sin demora si siente necesidad. La ventaja de este método radica en que el niño pueda sentir el deseo de "hacer" y llegar a la bacinilla a toda velocidad sin tener que sacarse la ropa. Si la alcanza a tiempo, es más probable que tenga éxito y que sienta la satisfacción que acompaña a un logro.

Esta técnica funciona bien si los padres no tienen problemas en limpiar lo que el niño pueda ensuciar de vez en cuando. No obstante, la mayoría de los niños no se encuentran todo el día en situaciones en las que resulta práctico estar semidesnudos; por ello, la mayoría usa pañales durante esta temprana etapa del aprendizaje. Pueden transcurrir días, semanas o meses antes de que un niño empiece a orinar o a ir de cuerpo en la bacinilla más a menudo que en el pañal. Por esta razón resulta importante mantener breve el tiempo en que está sentado. Los padres no deben dedicar más de diez o quince minutos por día a esta actividad, pero el niño aprenderá a su propio ritmo.

Una vez que el niño se sienta en la bacinilla en forma regular varias veces al día, y es más probable que haga sus necesidades en ella antes que en el pañal cuando está en casa, es hora de introducir una bombacha-pañal o ropa interior de tela para que use mientras está despierto. Algunos sostienen que es mejor quitarle los pañales del todo antes de que llegue este momento, para que el niño se sienta motivado al sentirse frío o húmedo si se hace encima, opción que se analiza en detalle en la Clave 8.

Es posible que la sensación de frío o humedad motive a su hijo, pero muchos niños no la sienten o no le prestan atención. Si decide intentar dejar de ponerle pañales a su hijo cuando este todavía los ensucia o moja regularmente, no haga aspavientos al respecto. Dígale que sólo va a usar la ropa interior de tela por unos días para ver qué resultados da. Si el niño sigue haciéndose encima, esto implicará, por supuesto, más trabajo para usted. A nadie le gusta limpiar durante unas semanas ropa sucia de esta forma, en especial si a su hijo parece no importarle. Algunos padres descubren que si comienzan a usar estas prendas demasiado pronto, terminan enojándose o perdiendo la paciencia con su hijo. Tal vez el niño responda al enfado de sus padres tratando de permanecer seco, pero no es menos probable que reaccione mostrándose más renuente a hacer sus necesidades en la bacinilla.

Una vez que le quite los pañales del todo, probablemente necesitará recordarle que debe sentarse en la bacinilla a intervalos regulares y frecuentes. Algunos niños lo harán por sí mismos, pero es razonable pensar que los padres tendrán que recordárselo cada dos horas aproximadamente. Se puede usar la alarma de un reloj o hacer sonar una campanilla para que sean estos, en lugar del padre o la madre, quienes le "avisen" al niño que es hora de sentarse. No mire el reloj. El objetivo de estos recordatorios consiste en ayudar al niño a tener más seguido la sensación de éxito y no en evitar "accidentes". Si tiene que presionar a su hijo para que se siente en la bacinilla o si este opone resistencia a los recordatorios o a la campanilla, es mejor dejarlo ir cuando él lo desee, incluso si ello tiene como consecuencia más charcos o heces en el suelo.

Cada vez que el niño realiza un intento o tiene éxito en la bacinilla, bríndele unos elogios sencillos. Igual que al principio del proceso, su objetivo es hacerle saber que se ha dado cuenta de sus logros y que el hecho de permitirle usar la bacinilla o el inodoro es una prueba de cuán competente él es. Si usted exagera los elogios y las felicitaciones, el niño empezará a ir al baño sólo para complacerlo o, peor aún, se negará a hacerlo para demostrarle que es el amo de su propio cuerpo.

A la larga, el progreso lento y parejo hacia un control de

esfínteres independiente tarda menos tiempo. Algunos planes de enseñanza urgen tanto al niño que los padres terminan dando marcha atrás en sus esfuerzos, en muchas ocasiones. Un niño puede tardar varios meses en recorrer las etapas que hemos descripto, mientras que otro pasa de sentarse en la bacinilla a usar una bombacha-pañal en unas pocas semanas, y casi no se hace en uno o dos meses más. Si el éxito se alcanza al ritmo del niño, es más probable que sea duradero.

7

ELECCIÓN DE LA BACINILLA

Supimos que Agustín ya estaba bastante preparado para empezar a usar la bacinilla cuando lo vimos observar con atención a su amiguito Julián, quien estaba sentado en una. Julián vive al lado de casa y Agustín, seis meses menor, lo adora. Por ello, nos pareció una buena idea comprarle la misma clase de bacinilla que usaba Julián. Agustín estaba fascinado y estoy segura de que por eso fue tan fácil enseñarle.

No todos los padres son tan afortunados de tener un vecinito al lado que ejemplifique el uso de la silla con bacinilla. El caso de Agustín demuestra cómo lo importante no es tanto elegir el modelo "correcto" de bacinilla como elegir el modelo que querrá usar su hijo.

Existen una serie de ventajas en comenzar con el control de esfínteres usando una silla con bacinilla en lugar de un inodoro para adultos. La ventaja principal consiste en que su tamaño se adapta a la altura y a la cola de un niño. A los niños les suelen gustar los muebles de su medida. Cuando su hijo se está acostumbrando a sentarse en la bacinilla, vestido o con la cola al aire, una que se adapte justo a su tamaño puede facilitar que abandone el uso de pañales.

Además, la bacinilla está cerca del piso, lo que posibilita al niño apoyar toda la planta de los pies en este. Es mucho más fácil controlar la evacuación si al mismo tiempo se puede ejercer presión con los pies. ¡Imagínese cómo se sentiría usted si tuviera que ir de cuerpo con los pies suspendidos en el aire!

El uso de una silla con bacinilla también le da al niño la posibilidad de ser más independiente. Si bien muchos niños querrán tener cerca al padre o a la madre durante las primeras fases del aprendizaje, una vez que el niño conoce a la perfección los pasos para sentarse, precisará menos ayuda si no necesita treparse o que un adulto acomode el banquito que le sirve de escalón. Además, si en la casa hay más gente que cuartos de baño, la bacinilla permite al niño tomarse su tiempo sin que se forme una cola para usar el baño.

Cuando un niño hace sus necesidades en una bacinilla, puede ver lo que evacuó. Para algunos niños, esto es en extremo importante. No obstante, si su hijo no quiere deshacerse de su orina o materia fecal, no hay ningún problema con que los padres permitan al niño salir del baño y luego las arrojen al inodoro. A algunos niños les gusta participar en estas actividades finales y quieren intervenir ellos mismos e incluso se despiden de lo que evacuaron mientras desaparece por el inodoro. Otros, en especial los de dos años, prefieren dejar que los adultos se hagan cargo de su "premio".

El niño no debería limpiar la bacinilla. Esta tarea no le enseñará nada útil y es muy probable que se convierta en un tema de discusión más que de colaboración.

A algunos padres les agrada que la silla con bacinilla sea portátil. Puede estar dentro o fuera de la casa, ir al parque o de viaje con la familia. Ello constituye una clara ventaja. La única desventaja es que tal vez el niño empiece a sentir que su bacinilla debería ir a él más que él a la bacinilla. Durante las primeras etapas del aprendizaje, cuando el niño apenas llega a la bacinilla a tiempo, resulta muy útil tenerla a mano. Pero una vez que usa ropa interior la mayor parte del tiempo o parece poder aguantar más, trate de dejar la bacinilla en el baño cuanto le sea posible. Si hace sentar a su hijo unos minutos después de las comidas para que vaya de cuerpo, el baño le brindará privacidad y también hará sentir más cómoda al resto de la familia. Más adelante, querrá que su hijo comprenda

ELECCION DE LA BACINILLA

que "yendo al baño" es la forma en que los niños evacuan cuando crecen.

Al elegir una silla con bacinilla, procure que sea confortable para el niño y fácil de limpiar para usted. Otras características elementales: que tengan patas fuertes que no se deslicen, un asiento cómodo que se adapte al cuerpo del niño a medida que este crezca y un receptáculo sencillo de sacar para la limpieza. Muchas de ellas tienen *"deflectores"* diseñados para impedir que los varones salpiquen orina en el asiento o el piso. A menudo no son prácticas y presentan la desventaja de que el niño puede engancharse cuando se sienta. Es mejor enseñarles a los varones a empujar el pene hacia abajo cuando orinan para no mojar el piso o las paredes.

Algunas tienen correas de seguridad, pero un niño que no puede sentarse en una bacinilla sin correr riesgos porque esta carece de una correa, no tiene en absoluto edad suficiente para usarla. Nunca debe utilizarse una correa de seguridad para mantener al niño sentado por más tiempo de lo que él desea. Todos los demás accesorios de las bacinillas e inodoros, como las cajas de música, los personajes de dibujos animados, los blancos para que los varones apunten, o los atractivos modelos similares al inodoro de tamaño normal, pueden atraerle a usted o a su hijo, pero no son necesarios. Quizá los padres depositen grandes esperanzas en que dichos artificios facilitarán el control de esfínteres, pero lo que determina la velocidad a la que avanzará el proceso será el grado de preparación del niño y su deseo de consumarlo.

¿Acaso la bacinilla podría ser innecesaria? La pregunta es válida. Algunos padres saltean esta etapa y comienzan directamente con el inodoro, usando un adaptador que se coloca dentro de este y achica el agujero del asiento.

Dado que algunas sillas con bacinilla pueden transformarse para luego ser usadas como adaptadores, se puede empezar con un método y luego pasar al otro. Si su hijo comienza a usar un adaptador en un inodoro normal, debe suministrarle un banquito para apoyar los pies cuando esté sentado y que le servirá de escalón, aunque sea capaz de subirse al inodoro sin ayuda.

Algunos niños intentarán sentarse en el inodoro grande mientras el padre o la madre lo sostiene de las manos para que mantenga el equilibrio, pero este método implica más trabajo para los padres. Asimismo, aun cuando un niño pueda mantener el equilibrio, es probable que el esfuerzo le provoque tensión muscular. Dicha tensión puede dificultarle distenderse lo suficiente como para evacuar la vejiga o los intestinos.

Una vez que el niño ya no usa pañales, es bueno practicar un poco de equilibrio en el inodoro grande para que, si en alguna ocasión se encuentra en un lugar donde no tiene acceso a una bacinilla, tenga algo de experiencia previa. (En caso de urgencia, el niño puede sentarse de cara a la parte trasera del inodoro, de modo que el asiento sostenga su cola por completo.) Aunque el niño haya dominado el arte de sentarse en la bacinilla, le resultará difícil usar un inodoro sin haberlo practicado. Es aconsejable que los padres lleven una muda de ropa para el niño que, al tratar de usar un inodoro de tamaño normal, termina sufriendo un percance.

8

PAÑALES, BOMBACHA-PAÑAL O ROPA INTERIOR: ¿QUÉ ES LO MEJOR?

*C*uando Marcela empezó a usar ropa interior y tuvo su primer "accidente", todo pareció funcionar a la perfección: casi siempre llegaba a la bacinilla a tiempo.

Javier quería usar ropa interior en forma regular, pero sufría muchos "accidentes" cuando la tenía puesta. La bombacha-pañal fue una solución intermedia que nos vino bien a todos.

Me resultó imposible hacerle usar a Susana una bombacha-pañal o ropa interior hasta que fue capaz de controlar sus deposiciones: eran impredecibles y blandas, y Susana sabía que limpiar lo que ella ensuciaba me hacía enojar y afectaba mis reacciones con ella.

Me sentía culpable por usar pañales descartables todo el tiempo; sin embargo, ¡decidí optar por la practicidad y reciclar otros productos! Aunque todos me decían que así el aprendizaje de Pablo tardaría más, él dejó de usarlos y de tener "accidentes" antes que algunos de sus amigos, ¡quienes usaban prendas de tela!

Los padres reciben numerosos consejos sobre cuál es el momento oportuno para quitarle los pañales a su hijo y cuál es el próximo paso. Al decidir si van a usar pañales, bombachas descartables, una bombacha-pañal o ropa interior común, es bueno que tengan en cuenta el grado de practicidad de cada uno de ellos, así como sus propias necesidades y las del niño. Si los padres no están un poco hartos de tener que limpiar lo que ensucia el niño, podrán estar más distendidos y tener más paciencia con un niño que todavía no logra evitar los "accidentes".

La ropa interior atractiva o con dibujos de sus personajes favoritos a menudo motiva a algunos niños a controlar sus esfínteres en muy poco tiempo. Desafortunadamente, muchos suplican usar ropa interior, están encantados de hacerlo e incluso permanecen "secos" los primeros días, hasta que pierden el interés por ella y comienzan a hacerse encima casi tan seguido como si usaran pañales.

La mayoría de los niños siguen usando pañales hasta que sus padres notan que no ocurren "accidentes" al menos durante una parte del tiempo que están en casa. Si bien hay quien sostiene que la molestia ocasionada por la humedad de una bombacha-pañal de tela gruesa afecta al niño más que los pañales descartables superabsorbentes, muchos padres han descubierto que esto no siempre es así. Un niño insensible a la humedad quizás ignore la sensación de la tela mojada e, incluso, fría. Si el niño padece un doloroso sarpullido provocado por el pañal, se suele aconsejar a sus padres que lo instruyan a una edad temprana para evitar la irritación que producen los pañales mojados sobre la piel inflamada; pero estos descubren que su hijo no comprende que, si usa una bacinilla, le arderá menos la cola.

Con frecuencia es práctico que los padres continúen usando el tipo de pañal que les ha resultado más conveniente, ya sea de tela o descartable, hasta que su hijo alcance un control parcial de sus esfínteres. Muchos querrán esperar aún más, hasta que el niño use la bacinilla o el inodoro la mayor parte del tiempo. Una vez que se toma la decisión de abandonar el uso de los pañales, se debe optar entre una bombacha-pañal

PAÑALES, BOMBACHA-PAÑAL O ROPA INTERIOR: ¿QUE ES LO MEJOR?

de tela, las bombachas descartables que el niño puede ponerse y sacarse sin ayuda de los padres, y la ropa interior normal.

La bombacha-pañal presenta la ventaja de ser absorbente en caso de que el niño sufra un "accidente" y, a la vez, parece una prenda interior común. Si el niño evacua la vejiga o los intestinos mientras la usa, ella impide que haya pérdida de orina y heces hasta que se le cambie la prenda. A casi todos los niños les desagrada la sensación de tener la bombacha-pañal llena o húmeda, si ya usan la bacinilla o el inodoro la mayor parte del tiempo. La bombacha-pañal es económica porque se la vuelve a usar; sin embargo, algunos padres tienen dificultad para lavarla y secarla cuando se ensucia y, por ello, prefieren los pañales descartables. Además, para quitarla se debe desvestir al niño de la cintura hacia abajo y, si está sucia, también habrá que sacarle las medias y los zapatos.

Algunos padres prefieren usar después de los pañales las bombachas descartables más finas. Gracias a su poder de absorción, el niño tal vez ignore la sensación de necesitar "hacer" porque el nivel de humedad no le resulta tan desagradable. No obstante, se las debe cambiar cuando están mojadas, al igual que la bombacha-pañal, por lo que implican mayor trabajo que los pañales, que pueden sacarse sin tener que quitarle al niño las otras prendas. También son más costosas que estos, por lo cual la mayoría de los padres prefieren evitarlas si su hijo necesita cambios frecuentes.

Para casi todos los niños, el privilegio de usar verdadera ropa interior es un signo de que están "creciendo". Los varones, en particular, sienten gran emoción al usar calzoncillos con el dibujo de su superhéroe favorito, y algunos usan la parte trasera hacia adelante porque suele ser más atractiva. En el caso de la ropa para las niñas, existe una mayor variedad de diseños y colores. Por supuesto, tanto los varones como las niñas pueden vestirse con ropa más sencilla y económica y aun así utilizar el inodoro sin ningún tipo de problema.

La etapa de transición

Cuando usted decida iniciar el cambio, hágalo en su casa. Puede permitirle o exigirle a su hijo que continúe usando mayor protección fuera de casa, donde quizá sea difícil conseguir una bacinilla a tiempo. Si su hijo tarda mucho en controlar los esfínteres, puede ponerle bombachas descartables durante el día, incluso antes de que adquiera un aprendizaje parcial si usted desea que no parezca un "bebé" de pañales, y para que no requiera tanta ayuda de su parte cuando debe usar la bacinilla.

Hay padres que, en los días de clima cálido, dejan a su hijo andar sin pañales ni ropa interior. Al estar desnudos, a algunos niños les resulta más fácil relacionar la sensación de necesitar "hacer" con la acción de "hacer". Sin embargo, algunos terminan ensuciando toda la casa. No es aconsejable que los padres utilicen este método si los fastidia mucho tener que limpiar pisos, alfombras y muebles, o si los revestimientos de los pisos pueden mancharse.

Hay padres que tratan de motivar a su hijo diciéndole: "¿No quieres ser como tus amiguitos?" o "Si los otros niños se enteran de que usas pañales, te van a embromar". Si bien este método tal vez dé resultado en algunos casos, presenta la desventaja de que refuerza la actitud de "hacer lo que hacen los otros niños", la cual puede volverse en contra más adelante. Los padres no querrán incentivar a su hijo para que se vista como sus amigos si estos usan zapatillas deportivas caras o ropa "de moda", o para que actúe como ellos sólo para evitar que se burlen de él.

Si su hijo ya ha comenzado a usar ropa interior pero todavía la "ensucia", a usted no le resultará sencillo permanecer indiferente ante los "accidentes" a menos que observe algún progreso. No obstante, supongamos que le ha advertido: "Si llegas a tener otro accidente, vas a volver a usar pañales"; en tal caso, puede llegar a encontrarse en una situación delicada.

PAÑALES, BOMBACHA-PAÑAL O ROPA INTERIOR: ¿QUE ES LO MEJOR?

El niño que no puede permanecer "seco" tal vez sienta que el retorno a los pañales es un castigo más que una solución práctica.

Carolina tenía tres años y hacía casi uno que no usaba pañales; sin embargo, casi nunca hacía sus necesidades en el baño. Sus padres se enojaban a menudo con ella, pero temían volver a los pañales porque pensaban que la retrasarían aún más. Finalmente, se dieron cuenta de que la tensión y las discusiones sobre los "accidentes" de Carolina quizás eran peor que los pañales. Le dijeron que les daba demasiado trabajo que ella usara ropa interior, que no querían estar enojándose tan seguido (Carolina conocía bien el enfado de sus padres) y que era mejor que usara pañales hasta que pudiera pasar la mayor parte del tiempo "sin hacerse". Al principio se enfureció e, incluso, se arrancó el pañal en varias oportunidades. Sus padres mantenían la calma y se lo ponían de nuevo después de cada berrinche. Cuando vio que ya no presentaban batalla, también ella logró calmarse.

Durante un mes, usó los pañales y se comportó como si jamás los hubiera dejado. Un buen día empezó a avisar cada vez que necesitaba "hacer". Después de otro mes, evacuaba en la bacinilla la mitad de las veces, pero sus padres decidieron avanzar despacio. Pasó otro mes y Carolina usaba la bacinilla casi siempre que necesitaba orinar y algunas veces cuando tenía que ir de cuerpo, lo que ocurría generalmente a la noche. Sus padres le sugirieron que comenzara a usar ropa interior de nuevo pero que, después de cenar, podría ponerse un pañal para que no tuviera que preocuparse de ir al baño. Carolina estuvo de acuerdo y, una semana más tarde, anunció que no quería usar el pañal tampoco a la noche. Casi nunca volvió a sufrir un "accidente".

9

DIETA

Ignacio era tan mañoso para comer que lo dejábamos beber tanta leche como quisiera. Se lo veía saludable y aumentaba de peso con normalidad, pero apenas probaba bocado de otras comidas. Luego comenzó a tener dificultades para ir de cuerpo y nos decía que le provocaba dolores. Nos aconsejaron que le diéramos más alimentos con alto contenido de fibras, pero no le gustaban. Finalmente, nos dimos cuenta de que tomaba tanta leche que nunca sentía apetito por las comidas que podrían aflojarle el vientre. Cuando redujimos la cantidad de leche que bebía, le empezó a quedar hambre para esas otras comidas.

Los adultos conocen el funcionamiento de su cuerpo lo suficiente como para saber que lo que coman afectará cómo se sientan. La experiencia les dice que, después de ingerir ciertos alimentos, sus deposiciones serán mayores y menos consistentes, y que les causarán menor tensión muscular. Esto se debe a que la fibra de la comida no se digiere sino que agrega volumen a la materia fecal. Quizá no sepan por qué comer fibra los ayuda, pero sí saben que les facilita el funcionamiento intestinal.

Los niños pequeños no pueden imaginarse que las diferentes comidas producen distintos efectos en su cuerpo. Tal vez les digamos que algunas son "buenas para ellos" o que "los ayudarán a crecer fuertes y sanos", pero estas explicaciones no suelen motivarlos a que elijan una en lugar de otra. Si los padres le ofrecen a su hijo una variedad de alimentos buenos para la salud, este podrá escoger qué quiere comer, y por lo general realizará una buena elección. Sin embargo, como descubrieron los padres de Ignacio, hasta un alimento beneficioso y atractivo para el niño puede impedir la ingesta de otros también buenos para su salud si no se limita la cantidad ingerida.

La mayoría de los niños en edad preescolar prefieren comer ciertos alimentos sencillos todo el tiempo. Un niño crecerá sin problemas si ingiere por día medio litro de leche, cincuenta gramos de un alimento rico en proteínas, dos rodajas de pan o media taza de otros granos, y dos porciones pequeñas de frutas o verduras. Si se niega a comer frutas o verduras, puede suministrársele multivitaminas infantiles y, si no ingiere carne, alimentos enriquecidos con hierro o una multivitamina que contenga hierro. Con esta dieta, las evacuaciones intestinales de la mayoría serán regulares y de poca consistencia, aunque prefieran comer fideos con queso en lugar de panes integrales o bananas en vez de ciruelas o arándanos.

No obstante, algunos niños por lo general producen evacuaciones duras y escasas. En ocasiones, los padres notan esta tendencia desde que sus hijos comenzaron a ingerir alimentos sólidos. La reducción natural del apetito del deambulador junto con sus mañas respecto de la comida pueden hacer que se escojan alimentos sin la fibra necesaria para que la materia fecal sea más blanda, abundante y fácil de evacuar.

Los padres de Ignacio se dieron cuenta de que la gran cantidad de leche que bebía le quitaba el apetito para otras comidas. Tuvieron que limitarle la leche y reemplazarle los demás alimentos por aquellos que le facilitaran las deposiciones. Una cantidad excesiva de leche puede causar problemas para ir de cuerpo, pero también se debe poner límites a otras comidas.

Algunos alimentos que secan el vientre son:

| la leche | el queso | el arroz blanco |
| las bananas | el puré de manzanas | el pan blanco |

Si el niño tiende a llenarse con golosinas o galletitas, tal

DIETA

vez le cueste ir de cuerpo porque tiene menos apetito para comer alimentos con fibra. Esta facilita la evacuación intestinal debido a que no se absorbe durante la digestión: pasa a través del cuerpo y ayuda a expulsar la materia fecal. Una mayor cantidad de fibra suele hacerla menos consistente. Sin embargo, demasiada fibra puede provocar retortijones o gases; por ende, ¡no es bueno ingerir gran cantidad de alimentos con alto contenido de fibra!

Existen muchos alimentos que tienden a aflojar el vientre. A veces, los niños pequeños se negarán a aceptar nuevas comidas hasta que se las ofrezcan en varias oportunidades. Es importante evitar los enfrentamientos con respecto a este tema.

Algunos alimentos que aflojan el vientre son:

las frutas con semillas o con mucha cáscara, tales como las bayas en general (fresas, frambuesas, grosellas, etc.), las uvas, las ciruelas y los damascos;

las frutas desecadas, en particular las ciruelas;

el jugo de ciruelas desecadas, el cual puede mezclarse con una gaseosa de lima-limón;

el jugo de peras;

el arroz integral;

los panes integrales de grano entero o con semillas;

los cereales con salvado;

los productos panificados con salvado;

el agua bebida en gran cantidad, especialmente si el niño come granos enteros o alimentos ricos en salvado.

10

DIAGRAMAS Y RECOMPENSAS

Mi esposo le prometió a Lucas que si empezaba a usar la bacinilla, le regalaría un completísimo juego de trenes. Lo compramos y siempre lo tuvimos guardado en el armario del vestíbulo. Creo que Lucas se siente mal cada vez que lo ve y sé que le encantaría tenerlo, pero esto no le ayuda a no "hacerse".

Ana amaba tanto las figuritas autoadhesivas que solía avisarme que iba al baño, se sentaba, hacía dos gotas y me decía: "Ya está". Entre sus viajes a la bacinilla para obtener las figuritas, mojaba la ropa interior la mitad de las veces. Finalmente, desechamos la idea de ofrecérselas.

Usamos caramelos para recompensar a Ricardo por sentarse y luego por "hacer". Le encantaba. Después de un tiempo, le dijimos que ganaría diez si no se hacía en todo el día. Esto también nos dio resultado.

La abuela de Alejandra le prometió que le regalaría una muñeca si podía pasar toda una semana sin hacerse. Hasta ese momento, nunca había pasado más de dos días sin sufrir un "accidente", pero lo logró. Creo que la oportunidad de tener la muñeca deseada le recordaba lo que podría hacer si realmente se esforzaba. Y después, pasó mucho más tiempo sin hacerse. Sin embargo, todavía ocurrieron "accidentes" durante algunos meses.

Muchos padres piensan que la clave para alcanzar un control de esfínteres exitoso radica en encontrar el premio adecuado para estimular a su hijo a lograr un autoaprendizaje. Casi todo el mundo conoce a alguien que le prometió a su hijo: "En cuanto empieces a usar el inodoro, te llevamos a Disneylandia", y que a la tarde siguiente descubrió que el niño tenía un control absoluto de los esfínteres y su equipaje listo junto a la puerta de entrada. Es cierto que las recompensas y los premios pueden ayudar a algunos niños a dar el último paso hacia el control de esfínteres independiente. La promesa de recibir un premio por no sufrir "accidentes" durante varias semanas puede estimular al niño que casi siempre recuerda usar la bacinilla pero que se resiste a que otros se lo recuerden cuando está jugando con sus amiguitos en la plaza. No obstante, el niño que se encuentra en las primeras etapas del aprendizaje probablemente no tenga suficiente experiencia para establecer una rutina o no cuente con las habilidades y la motivación necesarias para controlar los esfínteres sólo como respuesta a una recompensa prometida.

El método de enseñanza temprana que describimos se basa en enseñarle al niño a desarrollar su capacidad, ir a la bacinilla y repetir esa conducta, reforzándola con un premio de gran importancia: la atención positiva del padre o la madre. Es necesario que los padres hagan de cada viaje a la bacinilla una experiencia placentera para su hijo, así, cada vez que lo lleven, este la vivirá como algo positivo. También deben evitar forzarlo si está de mal humor, para que no aprenda a asociar el hecho de ir a la bacinilla con una lucha de poder.

Una vez que el niño se sienta cómodo al usar la bacinilla y llegue regularmente a sentarse a tiempo para "hacer", quizá sea útil recurrir a un sistema de recompensas extras para ayudarlo a recordar que use la bacinilla o el inodoro más a menudo. Algunos de los diferentes métodos usados con éxito por los padres son:

- Diagramas: Ayudan al niño y a los padres a llevar un registro de los éxitos. Aquel o estos realizan una marca o colocan una figura en el diagrama cada vez que el niño logra cumplir una tarea o alcanza un objetivo. Los padres deben elegir tareas y objetivos que estén dentro de las posibilidades de su hijo para que al final de cada día este pueda sentirse orgulloso de sus logros. Un diagrama lleno de espacios vacíos no es muy alentador. Por ejemplo, si el niño suele llegar a la bacinilla a tiempo, pero sufre unos pocos "accidentes" todos los días, el padre o la madre pueden poner en el casillero correspondiente a ese día una estrellita por cada vez que alcanza la bacinilla a tiempo, y una estrella grande por cada día completo sin "accidentes".

- En ocasiones, los padres recurren a un diagrama a fin de controlar el progreso del niño a lo largo del tiempo. Es posible utilizar una recompensa especial, por ejemplo para una semana entera sin "accidentes". No hay problema en fijar objetivos a largo plazo si se los combina con otros que pongan en evidencia los logros de cada día. Si el único premio establecido puede obtenerse luego de varios días o semanas, la mayoría de los niños pequeños no serán capaces de mantener la motivación. Asimismo, si el niño tiene un día negativo que interrumpe su avance hacia su recompensa y tiene que comenzar de nuevo, quizás se dé por vencido.

- Promesas: "Si de regreso a casa pasamos por la juguetería para comprarte ese juego, tienes que prometer que usarás el inodoro toda la tarde". "Si te permito usar tu vestido de fiesta sin un pañal, me debes prometer que no habrá ningún accidente". No es probable que dé resultados pedirle a un niño que se ate a una promesa a cambio de algo que quiere en el momento. Un niño en edad preescolar sólo es capaz de comprender los sentimientos, necesidades y deseos que experimenta en el presente. Puede prometer cualquier cosa, pero no se debe esperar que, a su edad, cumpla con su palabra, sin importar lo que diga. Nunca se le debe imponer un castigo o una pena a un niño de esta edad que promete hacer algo y luego se niega, en primer lugar porque los padres no deberían solicitar dicha promesa.

- Recompensas y premios: Algunos niños, en particular los de dos y tres años, pueden sentirse tentados a sentarse en la bacinilla o a usarla con mayor facilidad si se les ofrece un premio. Las figuritas, los caramelos o incluso los pequeños premios pueden servir si el niño está evolutiva y emocionalmente preparado para controlar los esfínteres. Los premios son un refuerzo de la conducta y estimulan al niño a seguir practicando lo aprendido. A veces, los padres comienzan ofreciéndole un premio por sentarse en la bacinilla, pero más adelante solamente se lo ofrecen si en realidad va de cuerpo. De no ser así, algunos correrían a la bacinilla cada media hora y se sentarían unos minutos sólo para recibir otra galletita.

11

LA HIGIENE

Mientras Julieta aprendía a usar la bacinilla, se sentía muy contenta de sentarse en ella en cualquier lugar y en cualquier momento. A veces hacía y a veces no; sin embargo, nunca tuvimos que presionarla. No obstante, cuando terminaba, siempre surgía alguna complicación. Necesitaba nuestra ayuda para levantarse, limpiarse, vestirse y todo lo demás. Una noche su padre llegó a casa y la oyó gritándole desde el baño: "¡Papá, papá, ven aquí, pronto!" Entró y la encontró sonriéndole. "Ah, papá, yo hago caca y ¡esta vez serás tú el que la limpie!"

A los padres les encantaría que su hijo dominara todos los aspectos del uso independiente de la bacinilla y el inodoro desde el comienzo. Que el niño ya no use pañales suele implicar menos esfuerzo; sin embargo, limpiarle la bacinilla y enseñarle a participar de su propia higiene conlleva por un tiempo tanto trabajo como cambiarle los pañales. Los padres pueden facilitar el aprendizaje de buenos hábitos de higiene y limpieza, pero deberán desempeñar un papel activo y supervisar al niño durante cierto tiempo.

Es importante para la salud de la familia que todos los adultos cumplan con una rutina con respecto al uso del baño que pueda enseñársele al niño a medida que crezca, incluso desde antes de que comience a controlar los esfínteres. Cuando su hijo era pequeño, usted probablemente aprendió que para reducir al mínimo el trabajo de cambiarle los pañales, le convenía tener todo su equipo muy bien organizado. Lo propio ocurre cuando se empieza a utilizar la bacinilla.

Lo más importante para proteger la salud de su hijo y la de

su familia es que todos se laven bien las manos después de ir al baño y antes de tocar o comer los alimentos. Lavarse las manos después de usar el baño impide que se propaguen las bacterias que quedan en ellas al limpiarse. En caso contrario, las bacterias comienzan a multiplicarse y se las puede esparcir por otros sitios, donde continuarán haciéndolo. Por ello, hacemos que los niños se laven las manos aun cuando sostengan que parecen limpias. Y al lavarlas antes de manipular o comer la comida, evitamos ingerir las bacterias que quedaron en ellas.

A fin de facilitarles a los niños y los adultos la tarea de lavarse las manos, es aconsejable poner en todos los lavatorios varios jaboncitos o un jabón líquido suave. No hay inconveniente en usar toallas de tela si se las lava con frecuencia, pero si todos las usan una y otra vez, no resultan tan higiénicas como las de papel. A su hijo le encantará tener su propio jabón y se mostrará más deseoso de colaborar en el lavado si usted le coloca frente al lavatorio un banquito que le permita alcanzar la canilla.

Cuando su hijo comience a hacer en la bacinilla o el inodoro será el momento de enseñarle a limpiarse. Los varones pueden sólo "sacudirla" después de orinar, pero las niñas deberán aprender a secarse de adelante hacia atrás. Esto impedirá que las bacterias de los pliegues inguinales o de la zona anal penetren en la uretra (el pequeño conducto que comunica la vejiga con el exterior) y causen una infección del tracto urinario.

La mayoría de los niños necesitarán que un adulto les limpie la cola hasta que tengan alrededor de cuatro años. A partir de esta edad usted puede compartir esta responsabilidad con ellos. En general da buen resultado que el padre o la madre haga la primera pasada de papel higiénico; el niño, la segunda; y así sucesivamente hasta que sea el niño quien haga la última para quedar limpio. A algunos niños les resulta más sencillo utilizar toallitas húmedas mientras aprenden. En este caso, a las niñas también se les debe enseñar a limpiarse de adelante hacia atrás. Si su baño dispone de un espejo de mano o de uno de cuerpo entero, su hijo puede usarlo para fijarse si ya está limpio, lo que a la larga constituye una manera excelente de ayudarlo a asumir total responsabilidad por su propia higiene. Otro método consiste en enseñarle a limpiarse hasta que el último pedazo de papel higiénico quede limpio después de pasárselo.

Al término de la limpieza, asegúrese de que su hijo eche el papel higiénico en el inodoro y de que se encargue de accionar el mecanismo o de que le pida que usted lo haga. Recuérdele que el agujero del inodoro es pequeño y que por allí no pueden pasar cosas grandes, pues de lo contrario se taparía. Esta explicación lo tranquilizará, asegurándole en forma indirecta de que no se lo podría arrojar a él por el inodoro.

Si bien no es necesario bañarse todos los días para mantener una buena higiene, los baños pueden afectar el control de esfínteres. Esto se debe a que los niños pequeños muchas veces chapucean en baños de burbujas o de agua sola después de usar jabón o champú. Es posible que sumergirse en agua con jabón, perfumes u otras sustancias químicas les provoque una irritación de la uretra, la que puede no tener consecuencias de importancia o derivar en una infección. Quizás el niño reaccione ante dicha irritación reteniendo la orina hasta que la vejiga se le llene tanto que deba evacuar un poco, o haciendo en la bacinilla a cada rato pero en pequeñas cantidades. Conviene prevenir estos problemas haciendo baños de inmersión únicamente en agua sola, y postergando el uso del jabón o champú hasta justo antes de salir de la bañera. Es aconsejable controlar la orina del niño que sufre "accidentes" en muchas ocasiones después de haber aprendido a controlar los esfínteres, pues tal vez haya contraído una infección.

Aun cuando es más habitual que las niñas contraigan infecciones, también a los varones pueden irritárseles los órganos urinarios debido al agua del baño y, por ende, tener "accidentes". A los varones pequeños sin circuncisión se les debe enseñar a retraer el prepucio para limpiarse con suavidad el pene ya que, sin esta higiene regular, pueden infectarse o tener mal olor. La limpieza de estas zonas reviste gran importancia a causa de los problemas de salud relacionados con una higiene inadecuada.

Los padres deben deshacerse en seguida de toda la orina y la materia fecal para que las bacterias no se reproduzcan en esos desechos. En casi todos los hogares resulta útil tener un cesto con una bolsa de plástico cerca de donde el niño usa la bacinilla. Debe lavarse de inmediato con agua caliente y jabón todo lo que entre en contacto con la orina o las heces, si no es posible arrojarlo por el inodoro, o bien tirarlo a la basura una vez envuelto en plástico. Aun si usted procura reducir al mínimo el uso de elementos de plástico en su hogar por motivos ecológicos, esto es necesario para proteger la salud de los recolectores de residuos de su barrio.

No hace falta que los padres se obsesionen con la higiene para cuidar la salud de su hijo. Si lo que se quiere es mantener la salud de la familia y de la comunidad, el lavado regular de las manos es más importante que cualquier otra actividad. Enseñarle a un niño a que se limpie después de hacer sus necesidades no sólo lo estimula a ser independiente sino que además le inculca buenos hábitos para el cuidado de la salud.

TERCERA PARTE

PROBLEMAS COMUNES CON EL CONTROL DE ESFÍNTERES

12

APRENDIZAJE PARCIAL

*M*aximiliano *era capaz de usar la bacinilla y el inodoro en casa y en el jardín de infantes, prácticamente sin ayuda. Cuando estaba en otro lugar, siempre se hacía encima aunque le recordáramos que tenía que ir a sentarse. A la larga decidimos que sólo usara ropa interior donde le resultara sencillo actuar en forma independiente. Pasó casi un año antes de que dejara los pañales durante el día, pero al menos no nos sentíamos frustrados.*

La pregunta "¿Su hijo ya controla los esfínteres?" parece tener sólo dos respuestas: "Sí" y "No". Sin embargo, la respuesta dependerá en parte de cómo usted defina la frase "controlar los esfínteres". Para algunos padres, su hijo los controla cuando es capaz de usar durante todo el día ropa interior sin mojarla ni ensuciarla, con la ayuda y supervisión de un adulto. Colabora en la tarea, pero todavía necesita que sus padres se lo recuerden, lo incentiven y lo ayuden a vestirse o a limpiarse. Para otros, su hijo controla los esfínteres cuando recuerda usar el inodoro él solo, no necesita que le estén atrás y puede ocuparse de todas las tareas relacionadas con sus evacuaciones sin ningún tipo de asistencia. El niño que aún necesita ayuda ha adquirido un "aprendizaje parcial".

Los padres pueden ayudar a su hijo a avanzar de este aprendizaje parcial al uso independiente del inodoro, de varias maneras. Durante la primera etapa de la enseñanza del control de esfínteres, la mayoría viste a sus hijos con pantalones de cintura elastizada u otras prendas fáciles de sacar. No obstante, conforme los niños crecen, les comienzan a poner ropa más complicada que les resulta difícil sacarse sin ayuda o les demanda más tiempo. Si el niño tiene que luchar con botones, cierres, calzas o enterizos antes o después de ir al baño, el esfuerzo quizá lo desaliente a hacer un alto en sus juegos. Y si espera hasta no poder contenerse más, tal vez termine sufriendo un "accidente".

Si un niño que suele controlar los esfínteres se moja, el grado de humedad dará a los padres una pista de lo que está sucediendo. Si está empapado o evacuó completamente los intestinos en la ropa, es probable que no esté demasiado motivado como para interrumpir sus actividades e ir al baño. Sin embargo, si la ropa está apenas húmeda o la cantidad de materia fecal es reducida, probablemente el niño no siente la sensación de hacerse, pero está esforzándose para controlar sus necesidades. Termina sufriendo ese accidente menor cuando se distiende un poco para aliviar la presión interna.

Otro patrón de conducta común entre los niños con un aprendizaje parcial es que son capaces de llegar a sentarse en la bacinilla sin dificultad cuando están en casa o en sitios que les resultan familiares, pero a menudo se hacen encima en otros lugares. Esto sucede cuando el niño tiene la madurez como para ejercer el control físico necesario para usar el inodoro y mantenerse seco, pero todavía no tiene la edad para ejercer también un control psicológico. Cuando se encuentra en un ambiente familiar, va al baño por su cuenta, quizá después de que alguien se lo recuerde o sin ningún tipo de ayuda. Fuera de casa, tiene "accidentes" porque tantas experiencias nuevas lo distraen y le impiden prestar atención a las señales de su cuerpo que le anuncian: "Hora de hacer".

Si usted observa que su hijo sufre "accidentes" sólo fuera de casa, dígale que, hasta que sea un poco mayor, le pondrá pañales cuando salgan de paseo pero que, no obstante, puede usar el baño si lo desea. Cuando lo lleve a un lugar desconocido, averigüe dónde está el baño en cuanto llegue y sugiérale usarlo en ese momento y al cabo de una hora o dos. Si ya es hora de partir y su hijo aún no fue al baño, puede aconsejarle que lo haga antes de marcharse. Después de practicar esta rutina para "cuando están fuera de casa" durante varios meses, habrán adquirido una nueva rutina que su hijo puede seguir cada vez que salgan juntos. Si deja a su hijo de visita en algún lado, cerciórese antes de irse de que alguien le muestre a él dónde se encuentra el baño y de que él se sienta cómodo para usarlo. No presuponga que los abuelos o los padres de otros niños le recordarán al suyo ir al baño o lo ayudarán a menos que usted se lo pida. La mayoría de las personas suelen pensar en las necesidades de un niño pequeño sólo si son sus padres o abuelos.

Si su hijo se olvida de ir al baño, ya sea en casa o en otro sitio, es improbable que lo haga por mera negligencia. Aunque tal vez desee usar la bacinilla, al mismo tiempo está aprendiendo y haciendo muchas cosas que para él revisten suma importancia. Tardará cierto tiempo en completar su aprendizaje parcial del control de esfínteres, pero, con paciencia, lo logrará.

13

"SÓLO EN MI PAÑAL"

Gonzalo tiene casi cuatro años. Se tomó su tiempo para aprender a controlar los esfínteres, pero, desde los tres años, jamás, jamás sufrió un "accidente". El único problema es que insiste en ponerse un pañal para ir de cuerpo. Incluso va a buscarlo y nos lo trae. Hicimos la prueba de decirle que no se lo permitiríamos; sin embargo, comenzó a contenerse hasta que se lo poníamos a la noche, para dormir. ¡Esto nos resulta menos complicado que cambiarlo media hora después de acostarlo!

Algunos niños aprenden a orinar en la bacinilla o el inodoro sin ninguna dificultad; no obstante, evacuan los intestinos solamente en el pañal. Esta conducta presenta ciertas variantes. Algunos niños estarán felices de usar ropa interior hasta que sienten la necesidad de ir de cuerpo. Entonces pedirán o exigirán que les pongan un pañal o, si tienen la edad suficiente, irán a buscarlo ellos mismos. Otros no manifiestan ninguna preferencia sino que esperan a tener puesto un pañal a la hora de la siesta o a la noche. En ocasiones, un niño que usa ropa interior parte del tiempo se asegura de tener puesto un pañal antes de correr hasta otra habitación donde se agacha o se esconde para ir de cuerpo.

Todas estas conductas son bastante naturales y comprensibles desde el punto de vista del niño. Si bien para los padres orinar y defecar entran en la misma categoría, un niño quizá no se sienta preparado para llevar a cabo estas dos acciones a la vez. Si el niño ya controla la vejiga, sus padres suelen urgirlo, instarlo o presionarlo para que dé el próximo paso, pero puede comenzar a oponer resistencia. Termina utilizando toda la energía que tal vez habría puesto en realizar dicho aprendizaje en el esfuerzo de demostrar que decidirá por sí mismo cuándo hacerlo.

Algunos padres cuyo hijo quiere evacuar los intestinos sólo en el pañal le dicen: "Sabemos que puedes usar la bacinilla para hacer caca, así que basta de pañales". Si le prestan apoyo y no lo han presionado y, si de todos modos, el niño está casi preparado para dar el próximo paso hacia la independencia, este método puede dar buenos resultados.

No obstante, es probable que el niño que se siente presionado se niegue a cumplir con los planes de sus padres. Se resistirá y contendrá la materia fecal en lugar de evacuarla en la bacinilla. Después de uno o dos días quizás ceda y evacue, pero en su ropa, a fin de no satisfacer los deseos de sus padres. Por supuesto, resulta muy desagradable limpiar lo que ensucia y los padres tal vez se enfaden o enfurezcan. Si el niño todavía no quiere cambiar de actitud, quizá siga haciéndose encima, a sabiendas de que ello los fastidiará. También puede llegar a retener la evacuación tanto como le sea posible. Si continúa con esta conducta, tal vez desarrolle el patrón de contención y retención que se describe más adelante, en una próxima Clave.

El niño que insiste en ir de cuerpo en un pañal ejerce probablemente suficiente control como para escoger la hora y el lugar en que lo hará. Está "instruido" en el sentido de que es capaz de controlar sus intestinos, pero se muestra renuente a hacer uso del sitio "que cuenta con la aprobación de sus padres". La ayuda que necesita para dar el próximo paso debe estimularlo y no despertarle mayor resistencia respecto de la bacinilla o el inodoro.

No existe una solución única para superar esta oposición. Si su hijo asume una actitud negativa ante cualquier aspecto relacionado con el control de esfínteres, no es probable que lo haga cambiar de parecer ejerciendo mayor presión sobre él. En cambio, dígale que usted no se opondrá si por el momento él quiere continuar usando los pañales. Al menos durante un mes, no lo presione de ninguna manera para que modifique sus hábitos. Esto significa: ¡nada de controversias!

Conforme distienda la presión para que su hijo abandone los pañales, le conviene asegurarse de que en otros aspectos también espera que actúe de acuerdo con su edad. En la Clave 24 dedicada a la forma de apoyarlo para que él se sienta competente, se describe cómo los padres pueden ayudar a sus hijos a sentirse en general seguros de su propio cuidado. Sentirse competente va de la mano de abandonar las conductas infantiles y de volverse más "adulto", lo cual ayudará al niño a sentir que ya está preparado para dejar los pañales.

Al cabo de dos meses aproximadamente, las tensiones entre usted y su hijo deberían disminuir, por lo que será el momento de reanudar la enseñanza. Sugiérale que él ya es capaz de pasar todo un día sin necesitar el pañal para realizar sus deposiciones. Puede decirle: "Sé que no estabas preparado, pero seguro que ahora lo estás". Si su hijo opone mucha resistencia, no insista. Si en cambio presenta una oposición menor, pruebe con algún incentivo, por ejemplo un paseo por el parque más tarde u otra actividad especial que él considere una recompensa.

Si el niño aún no desea intentarlo, dése una tregua de al menos un mes, al cabo del cual puede decidir seguir esperando o sugerirle que es hora de empezar a usar los últimos pañales. Déjele en claro que los pañales que hay en la casa serán los últimos que use.

Asegúrese de que se le acaben los pañales en un momento en que pueda pasar un fin de semana tranquilo en su hogar o en que tenga unos días libres. Es razonable suponer que su hijo se negará a usar la bacinilla o el inodoro, y no es conveniente que surjan otras distracciones o que el niño esté lejos de casa y de un baño familiar. Unos días antes de dicho fin de semana comience a alimentarlo con comidas que le faciliten la evacuación intestinal. Si lo desea, podrá encontrar información al respecto en la Clave 9.

Cuando llegue la hora de usar el último pañal, dígale a su hijo que sabe cuánto le costará este cambio y que está seguro de que él puede lograrlo. Si el niño se enoja o fastidia, no trate de calmarlo ni de convencerlo de que después se sentirá mejor. Sólo necesita actuar con paciencia y calma, aunque por dentro sienta lo contrario. Puede sugerirle un baño de inmersión, una taza de chocolate caliente o cualquier otra actividad relajante que lo haga tranquilizar. Si él se muestra totalmente renuente a todo, no insista.

Después de unos meses que los hagan olvidar que el tema derivó en una batalla, muchos niños usarán la bacinilla o el inodoro. Sin embargo, algunos continuarán con su postura negativa. Si el primer día el niño se niega a evacuar los intestinos, los padres pueden esperar hasta el segundo, pero si aún continúa igual, deben decirle cuán importante es que lo haga y que saben que él piensa que le resultará imposible en el inodoro. Ofrézcanle un pañal para que vaya de cuerpo en él.

Aunque usted dé marcha atrás con sus expectativas, debe tener en cuenta que, si su hijo puede contenerse durante dos días, quizás pueda hacerlo por mucho más tiempo. No es bueno que el niño comience a contener los intestinos durante largos períodos, pues esto tal vez le cause un problema fisiológico más difícil de superar que su resistencia al uso del inodoro.

Si usted realmente disminuyó la presión sobre su hijo durante varios meses y él aún mantiene esta conducta, es hora de solicitar ayuda profesional. A menudo, alguien que no pertenece a la familia ayuda al niño a abandonar conductas antiguas con mejores resultados que los padres. ¡Dichas por un médico, una enfermera o incluso una maestra, las mismas palabras son más persuasivas que dichas por los padres!

14

RESISTENCIA

Patricia no oponía ninguna resistencia a usar la bacinilla y lo hacía con bastante buenos resultados. De pronto comenzó a negarse. La instamos a usarla y probamos con ofrecerle algunos premios y recompensas. Ya nos estábamos exasperando cuando su maestra jardinera nos sugirió que le dijéramos a Patricia que ya no le recordaríamos cuándo tenía que usarla. Le volvimos a poner pañales la mayor parte del tiempo pero, si deseaba usar ropa interior en casa, se lo permitíamos. No le mencionábamos la bacinilla ni decíamos nada si ocurría un "accidente". Al cabo de un mes aproximadamente, le dijimos: "Patricia, pensamos que ya estás lista para empezar a usar la bacinilla todo el tiempo." Nos contestó: "Bueno" y jamás volvió a presentar ninguna oposición.

Cuando un niño no desea colaborar en los intentos de sus padres para enseñarle a controlar los esfínteres, se dice que opone resistencia. Esto significa que se niega a actuar como desean sus padres.

Durante las primeras etapas del control de esfínteres, el niño que se sienta en la bacinilla unos minutos sin protestar cuando el padre o la madre se lo pide y lo estimula hablándole o leyéndole, quizá comience a negarse en algún momento. Si los padres no insisten y simplemente esperan unas horas o hasta el día siguiente para intentarlo de nuevo, la mayoría de los niños se mostrarán dispuestos otra vez. Si el niño persiste en su negativa, sus padres deben interpretar este hecho como un signo evidente de que todavía no está preparado para iniciar el aprendizaje y de que deben esperar uno o dos meses para empezar.

Un niño que no opone resistencia en sentarse y avanzar algunos pasos en el proceso de aprendizaje puede, empero, mostrarse renuente de vez en cuando. Es natural que los niños pequeños a veces se nieguen a hacer lo que quieren sus padres. Cuando usted le pide a su hijo que entre para cenar y él lo ignora, no significa que no tenga hambre o no desee estar con su familia. Quiere decir "Ahora, no" o "No quiero interrumpir lo que estoy haciendo", y la mayoría de los padres descubren que, si actúan con calma y firmeza, el niño, aunque reacio, hará un alto en sus juegos y se sentará a la mesa. Del mismo modo, que el niño oponga cierta resistencia a usar la bacinilla no significa que los padres deban interrumpir el proceso de enseñanza. En cambio, suele dar buenos resultados continuar recordándole, en forma serena pero firme, que es hora de "hacer" o recurrir al uso de una alarma o campanilla que le indique, en lugar del padre o la madre, cuándo es "hora de hacer".

No obstante, un niño que opone verdadera resistencia dejará en claro con sus palabras o sus reacciones que no desea usar más la bacinilla. Quizá se niegue por completo a evacuar, aun cuando le sería conveniente después de un baño o una siesta. A veces se sienta en la bacinilla, pero uno observa en su rostro signos que revelan su determinación de contenerse. El niño puede decirle que usará pañales hasta los cuatro años o que guarde la bacinilla en el garaje porque ya no le gusta.

Es probable que los padres se sientan muy frustrados cuando se topan con esta clase de resistencia. Quienes creyeron que su hijo ya se encontraba encaminado hacia el control de esfínteres desean, por lo común, suspender el gasto y esfuerzo que implica el uso de pañales. Por desgracia, el niño no ve las cosas desde el punto de vista de sus padres. Este conflicto crea una tensión entre los padres y el niño, que puede provocar el lamentable efecto de generar en este mayor resistencia aún.

Si un niño ha colaborado en el aprendizaje del control de

RESISTENCIA

esfínteres y luego comienza a oponer resistencia, los padres pueden probar las siguientes soluciones:

- Asegúrense de no expresar enojo o desilusión con su hijo a causa de los "accidentes". Para que un niño logre usar el inodoro en forma independiente, tiene que sentir que este logro es para su propio bien y no para complacer a sus padres.

- Evalúen la manera en que le piden a su hijo que use la bacinilla o en que lo instan a hacerlo. En ocasiones, si los padres se lo recuerdan con menor frecuencia o suavizan el tono de voz, la resistencia del niño desaparece. Hay padres que creen permitirle a su hijo avanzar a su propio ritmo pero ejercen presión en el tono de voz; no se dan cuenta de ello, aunque el niño sí. Prueben utilizar una alarma o campanilla para recordárselo o dejen de hacerlo.

- Cerciórense de que otros factores no dificulten la colaboración del niño. Un día recargado de actividades, los cambios en la rutina o las tensiones familiares quizá le quiten la energía que pondría en usar la bacinilla. Su resistencia puede ser su modo de decir que este aprendizaje es "demasiado" para él en este momento.

No existe una solución única para vencer la resistencia de un niño una vez que surge. Si usted recurre a muchísimos métodos para lograr la colaboración de su hijo pero este aún se niega o se resiste, es bueno tomarse un descanso. Dígale que es hora de interrumpir momentáneamente las prácticas en la bacinilla o el intento de permanecer "seco" todo el día. Esto tal vez sólo implique seguir usando pañales, pero si su hijo usa una bombacha-pañal o ropa interior, quizá sea una buena idea volver a los pañales, siempre y cuando no se los presente como un castigo.

Un importante estudio llevado a cabo por investigadores de la Facultad de Medicina de la Universidad de Pennsylvania reveló que, si un grupo de niños con un aprendizaje parcial pero que se resistían a usar la bacinilla o el inodoro para evacuar los intestinos volvían a usar pañales en forma no punitoria, el 90 % completaba su aprendizaje en tres meses. Aunque nadie pueda determinar con certeza durante cuánto tiempo es aconsejable interrumpir la enseñanza del control de esfínteres cuando un niño opone resistencia, es probable que el período mínimo sea un mes.

Después de este plazo, usted puede reiniciar el intento. Esta vez la mayoría de los niños se mostrarán más deseosos y lograrán más éxitos. Si su hijo todavía se muestra renuente, o si se enoja o deprime, recurra a un profesional. Es útil solicitar la opinión de alguien ajeno a la familia, y muchos niños reaccionan en forma positiva ante el interés y la atención demostrados por un extraño que los puede reencaminar por el sendero correcto.

15

REGRESIÓN

Elena tenía dos años y estaba casi instruida en el uso de la bacinilla cuando llegaron las vacaciones. Al principio, le encantaba mostrar sus logros a los abuelos. Pero como todos sus primos también hacían muestra de sus respectivas habilidades, no creo que se sintiera tan especial. Al cabo de una semana de compartir la casa con huéspedes, comenzó a "mojar" la ropa interior y a ir de cuerpo en distintos lugares. Nos dimos cuenta de que no estaba preparada para permanecer "seca" cuando tenía tantas otras actividades, así que resolvimos tomarnos un descanso hasta el final de las vacaciones, y en ese momento Elena volvió a la normalidad.

Pensábamos que Pedro no sabía que teníamos problemas conyugales hasta que empezó a sufrir "accidentes" en el jardín de infantes y los fines de semana, y también le estaba costando dormirse a la noche. Al principio creímos que sólo lo hacía por caprichos, pero luego nos dimos cuenta de que estaba molesto. Cuando comenzamos a evitar al máximo las discusiones en su presencia, los "accidentes" casi desaparecieron y empezó a dormir mejor.

Luciana usaba el inodoro en casa y la bacinilla en su primer jardín de infantes. Cuando la cambiamos de escuela y comenzó a tener problemas para ir al baño, sus maestras pensaron que no estaba acostumbrada a usar el inodoro. Incluso le dijo a una que en casa usaba pañales, ¡aunque tenía cuatro años! Nos dimos cuenta de que era su forma de reaccionar a todos los cambios: el colegio, mis horas de trabajo y las nuevas maestras. Le dimos tiempo y comenzó a usar el baño del jardín de infantes tan bien como el de casa.

Los niños constantemente desarrollan nuevas habilidades y conductas relacionadas con el crecimiento. Una vez que aprenden a vestirse, a alimentarse o a usar el inodoro en forma independiente, en general esperamos que sean capaces de continuar llevando a cabo estas tareas. A veces, sin embargo, un niño parece perder la habilidad de ser competente en una o más áreas que antes dominaba. Esta pérdida de habilidades se denomina regresión y significa dar marcha atrás. El niño comienza a actuar como lo hacía a una edad anterior.

El paso hacia atrás suele ser la pérdida de una habilidad recién adquirida. De repente, el niño que se vestía solo necesitará ayuda para hacerlo. El que a la noche conciliaba el sueño sin ningún problema querrá escuchar otro cuento, beber otro vaso de agua o que alguien se acueste a su lado. El que era capaz de usar la bacinilla o el inodoro sin que se lo recordaran empezará a sufrir "accidentes" todos los días.

A menudo, la regresión del niño ocurre en un momento en que él o su familia se tiene que adaptar a un cambio que, en ocasiones, quizá sea estresante: el nacimiento de un hermano o una hermana, o problemas conyugales. Las transiciones y los cambios positivos, como las vacaciones, también pueden crear tensiones. Aun cuando los padres sepan que la regresión se origina en una situación traumática y se muestren comprensivos con su hijo, es probable que se sientan frustrados si este no logra hacer lo que antes podía. Cuando la regresión se relaciona con el control de esfínteres, la frustración de los padres puede ser mayor debido a que los "accidentes" inesperados aumentan su trabajo.

Los padres suelen tener más paciencia y, por ende, más capacidad para reaccionar en forma adecuada si comprenden que la conducta regresiva del niño, de hecho lo ayuda a enfrentar el estrés. También es útil tener en cuenta que las regresiones son comunes tanto en los niños como en los adultos. En momentos de tensión, la mayoría de las personas buscan placeres infantiles consabidos. Un adulto fastidiado quizá

REGRESION

quiera un vaso de leche tibia, una de sus comidas favoritas o un baño de burbujas. ¡Tal vez desee meterse en la cama y esconderse bajo las sábanas! Si un adulto puede sentirse así, no sorprende que un niño en situaciones de estrés quiera comportarse de manera más infantil. Aunque sólo tenga tres años, tiene que retroceder en el tiempo para sentir el placer de actuar como si fuera aún menor.

Si un niño sufre una regresión en un ámbito en el cual solía comportarse en forma independiente, tal vez reciba un beneficio extra: cuanto más independiente sea, menos atención recibirá de parte de los adultos que lo rodean. Si está muy seguro de sí mismo, disfrutará del sentimiento de competencia que acompaña al hecho de ser independiente; pero si se siente triste, solo o dejado de lado, tal vez reaccione de un modo que obligue a los adultos a prestarle más atención. Aun si recibe una atención negativa a causa de sus "accidentes" con el control de esfínteres, puede ser mejor a que no le presten ninguna atención.

Lo mejor que pueden hacer los padres ante una regresión de su hijo consiste en aceptar el deseo del niño de actuar como si fuera más pequeño, pero a la vez deben mantener su expectativa de que actúe de acuerdo con su edad. Por ejemplo, usted puede decirle a su hijo que acaba de tener un "accidente": "Ah, supongo que te olvidaste de que ya no usas pañales. Cuando eras pequeño, te podías hacer en los pañales cuando lo necesitabas, pero ahora tienes que acordarte de ir al baño". Si los "accidentes" continúan, actúe como si esto no le importara y evite enojarse con su hijo. Puede decirle: "No es placentero para ninguno de nosotros tener que limpiar lo que ensucias ni lavar tu ropa. Para ayudarte, podemos recordártelo a fin de que hagas más seguido". Decirle a un niño que está actuando como un bebé o regañarlo rara vez da buenos resultados y quizás evite la conducta regresiva.

Si los accidentes son constantes o si los adultos no pueden contener su fastidio o sus reprimendas, tal vez sea mejor

85

volver a los pañales durante algunas semanas y decirle al niño que se tomarán un "descanso" de la ropa interior por un tiempo. No obstante, si hace meses que su hijo usa ropa interior y los "accidentes" no son frecuentes, es mejor continuar considerándolo "instruido" y no hacer el cambio. Demuéstrele con sus palabras y actitud distendida que está seguro de que él pronto no sufrirá más "accidentes" dado que ya logra permanecer "seco" la mayor parte del tiempo. No lo obligue a limpiar lo que ensucia si no hubo ningún "accidente", pero hágalo colaborar en la limpieza de los charcos o pídale que ponga en remojo su ropa sucia.

Muchas veces es posible atenuar las tensiones que parecen causar la regresión del niño, una vez que los padres saben cuál es el problema. En otras ocasiones, no pueden modificar ninguna de las situaciones por las que atraviesa el niño o la familia. Aun si a usted le resulta imposible cambiar las situaciones que produjeron el estrés, casi siempre podrá ayudar a su hijo a enfrentarlo mejor si desacelera su ritmo de vida tanto como pueda y comparte con él un momento de tranquilidad todos los días.

CUARTA PARTE

PROBLEMAS MÁS SERIOS

16

CONSTIPACIÓN

*R*oberto siempre fue muy regular. En ocasiones iba de cuerpo dos veces al día, en otras sólo una o ninguna. Consultamos con un doctor porque pensamos que estaba constipado. Sin embargo, el médico nos dijo que si la materia fecal de Roberto siempre tenía poca consistencia y parecía fácil de evacuar, no teníamos por qué preocuparnos.

Daniel estaba tan contento de usar su nueva bacinilla para ir de cuerpo que casi nunca sufría un "accidente". Nos fuimos de vacaciones y le cambió la rutina. A veces, pasaba uno o dos días sin evacuar. En una ocasión, sus heces fueron tan consistentes que lo hicieron gritar. Supe que se había lastimado porque noté sangre cuando lo limpiamos. Parece que desde entonces, sólo evacua los intestinos cada tanto y, a veces, su materia fecal es muy dura.

A veces María trata de ir de cuerpo pero no puede. Se le pone la cara roja y se dobla sobre sí misma, pero no evacua nada. Cuando finalmente lo logra, primero larga muchos pedazos pequeños y duros, y luego uno grande que parece bastante blando.

El doctor les dijo a los padres de Roberto que las deposiciones de este eran normales. Roberto no tenía ninguna dificultad para ir de cuerpo y sus heces siempre tenían poca consistencia. Sólo se trataba de un niño irregular con un patrón de evacuaciones impredecible. Sus padres no tenían motivo para preocuparse.

En el pasado solía insistírseles a los padres para que sus hijos evacuaran los intestinos todos los días. Se les decía que la falta de "regularidad" era un problema para la salud general del niño. Si un niño no iba de cuerpo todos los días, era común darle algún "remedio", un laxante o incluso un enema para ayudarlo. Esta persecución de la "regularidad" probablemente les causó a los niños muchos más problemas intestinales de los que les curó.

No obstante, la materia fecal de Daniel y María es por lo general seca y dura. Ambos parecen sentirse incómodos cuando tratan de evacuar. Las duras heces de Daniel parecen haberle lastimado la piel alrededor del ano, provocándole una fisura anal (un pequeña herida superficial muy dolorosa y que puede tardar mucho en cicatrizar debido a su ubicación). Esta experiencia traumática quizá lo motive a tratar de evitar defecar en la bacinilla porque no desea volver a lastimarse. Los padres de María dicen que, por su cara enrojecida y su postura agachada, parece tratar de "hacer", pero tal vez esté forzando sus músculos para evitar ir de cuerpo si siente la materia fecal dura y difícil de evacuar. Ambos niños sufren de constipación.

En caso de constipación, la materia fecal es muy consistente y seca. Cuanto mayor sea su tamaño, más probable será que el niño se resista a evacuarla. Lamentablemente, resulta casi imposible convencer a un niño pequeño de que es bueno que defeque si él cree que le causará dolor. Cuanto antes los padres reconozcan los síntomas de la constipación y comiencen a tratarla, menos probable será que el niño desarrolle conductas de contención intestinal que originen problemas a largo plazo.

El primer paso que deben dar los padres si descubren materia fecal dura o seca consiste en analizar la dieta del niño y realizar los cambios sugeridos en el capítulo dedicado a dicho tema. Si su hijo no bebe mucho, trate de aumentar la cantidad de líquidos que le da, preferiblemente el agua. Si el niño está dispuesto, resulta muy eficaz agregar a su dieta diaria uno o dos vasos de jugo de ciruelas o cuatro a seis ciruelas desecadas. Algunos también responden bien al jugo de peras. Si su hijo ingiere demasiadas grasas, redúzcalas, pues estos alimentos tienden a llenarlos y les impiden sentir hambre por otras comidas con más fibra. Sin embargo, un poco de grasa facilita la evacuación intestinal; por ende, si el niño sigue una dieta con pocas grasas, quizá necesite algo más de aceite o de manteca.

Además de modificar la dieta de su hijo, observe si hay algún momento durante el día en que muestra una tendencia a ir de cuerpo. Si esto ocurre, asegúrese de que ese momento sea lo más distendido posible. En general, trate de desacelerar su ritmo de vida para que el niño tenga tiempo de relajarse después de las comidas. Un niño de dos o tres años que se la pasa haciendo cosas, tal vez no se distienda lo suficiente como para evacuar los intestinos. Si usted nota que su hijo debe forzarse para defecar o le descubre lastimada la piel alrededor del orificio anal, le puede aplicar una pequeña cantidad de vaselina varias veces al día, para aliviarle el dolor y evitarle una fisura anal o favorecer su cicatrización.

Los padres deberían consultar con un profesional, si una semana después de modificar la dieta de su hijo aún no obtienen resultados positivos, o si se niega a ingerir alimentos con un alto contenido de fibras. Es posible que a esta altura el niño necesite un laxante oral o un purgante, medicamentos que sólo deben ser recetados por un especialista. Se debe llevar un control minucioso de la dosis inicial y las subsiguientes. Algunos niños requieren este tipo de ayuda por un corto plazo y otros, en cambio, por más tiempo, pero estas decisiones se deben tomar con asistencia profesional. Ciertos medicamentos suelen brindar una solución perfecta para que un niño pequeño tenga evacuaciones normales; sin embargo, los padres necesitarán que se les aconseje respecto de las dosis adecuadas y la duración del tratamiento.

Los padres nunca deben recurrir por su propia cuenta al uso de supositorios o enemas y es de especial importancia que eviten decirle al niño: "¡Si no vas a sentarte al inodoro, te vamos a dar un enema!", porque vivirá el tratamiento como un castigo. Los supositorios y enemas utilizados de esta manera quizá lo perturben tanto que intentará retener la materia fecal aún más. La consulta con un profesional le brindará ayuda tanto a usted como a su hijo para tratar la constipación y traer alivio a todos.

17

CONTENCIÓN DE LA MATERIA FECAL

Al principio no nos dimos cuenta de que Juana tenía un problema. Orinaba en la bacinilla desde los dos años y medio y después de un tiempo, pareció no tener dificultades para ir de cuerpo también en ella. Cuando comenzó a usar el inodoro, notamos que sus evacuaciones intestinales eran enormes; luego, que sólo hacía de vez en cuando. Cuando pasó cinco días sin ir de cuerpo, llamamos al doctor, quien nos dijo que Juana debía de contener sus evacuaciones y que teníamos que ayudarla.

Lo peor de las retenciones de Pablito era que no comprendíamos qué sucedía. Su materia fecal nunca era dura, por lo que no imaginamos que tuviera algún problema. Sin embargo, cuando pasaba dos o tres días sin hacer, era evidente que se sentía mal. Tratábamos de hacerlo evacuar, pero nos replicaba que no lo necesitaba, aunque notábamos que tenía los intestinos repletos.

Mi hermana, de visita en casa, vio lo que Mariana dejó en el inodoro y comentó: "Si hay que apretar el botón más de una vez, ¡acá pasa algo!". Estaba en lo cierto.

La Clave anterior describe el patrón de la constipación. Si el niño tiene problemas para ir de cuerpo a causa de su materia fecal dura, seca y difícil de evacuar, los padres suelen darse cuenta de esta situación con bastante facilidad. Algunos niños, no obstante, desarrollan otro patrón de deposiciones que tal vez pase inadvertido durante meses: la contención o retención de la materia fecal.

Para poder retener la materia fecal, el niño tiene que ignorar la sensación de presión en el intestino grueso que le avisa: "Hora de hacer". Todos presentamos esta conducta ocasionalmente, porque hay momentos en los que no contamos con un baño cerca y tenemos que esperar. No obstante, si un niño se acostumbra a contener o retener sus evacuaciones, puede sufrir un problema. La pared del intestino se dilatará gradualmente a fin de contener la mayor cantidad posible de materia fecal, que se acumula a partir del primer día de retención. Conforme la masa se incremente, es posible que se torne más difícil evacuarla. El niño se muestra más renuente a defecar y se inicia un ciclo de contención y retención. Si esto ocurre durante unos meses, el niño pierde sensibilidad ante la señal de "hacer" porque la pared muscular se habrá dilatado y las terminaciones nerviosas no serán tan capaces de reaccionar ante la presión. Es por ello que el niño les dirá a sus padres que "no necesita hacer", pues ya no siente dicha sensación. A veces, los padres observan que su hijo se agacha y se inclina hacia adelante, con la cara enrojecida, y parece forzarse para ir de cuerpo. A menudo adopta esta postura porque se esfuerza por retener la materia fecal y se dobla sobre sí mismo para ejercer más fuerza con los músculos.

En ocasiones, aunque el niño intente contenerse, evacuará una pequeña cantidad. Si el niño ya no usa pañales, los padres quizás observen que ensucia la ropa interior, lo que resulta angustiante para todos. Es posible que el niño ni siquiera sienta la evacuación de esa pequeña cantidad de materia fecal. Estas "manchas" pueden agregar una dificultad extra al problema, pues quizá se regañe al niño por no llegar a la bacinilla a tiempo, lo que le hará sentir vergüenza o lo pondrá incómodo por desilusionar a sus padres y a sí mismo.

Si los padres sospechan que su hijo está conteniendo o reteniendo la materia fecal, deben consultar con un profesional. Es útil que lleven un registro de la frecuencia de las deposiciones de su hijo, incluyendo la cantidad (reducida, mediana, grande, muy grande) y la consistencia (diarreica, blanda, nor-

CONTENCION DE LA MATERIA FECAL

mal, dura) de cada una de ellas. Quizá se sientan extraños al hacerlo, pues no estarán habituados a examinar heces, pero será muy valioso para ayudar al profesional a determinar cuán serio es el problema del niño.

El tratamiento de la contención y retención incluye varias etapas:

- Explicarles a los padres y al niño que se trata de un problema muy común. Los padres no deben culparse por no haberlo descubierto antes o por haberle manifestado al niño su frustración antes de darse cuenta de que este no podía controlar su problema sin ayuda. De hecho, si el padre o la madre de un niño de uno, dos, tres o cuatro años reconoce esta conducta a esta edad, es muy probable que reaccione a tiempo y evite problemas futuros. Incluso si el origen del problema estuvo relacionado con una enfermedad, una constipación o tensiones familiares, descubrir la causa es mucho menos importante que tratar el problema.

- Analizar los patrones de evacuaciones intestinales del niño a fin de crear las mejores condiciones para que sean regulares. Si el niño todavía usa pañales, se debe hacer un alto en la enseñanza del control de esfínteres. En el caso de los niños que usan la bacinilla o el inodoro, será más sencillo desarrollar nuevos hábitos de deposición si sus padres les fijan horarios regulares para sentarse, distenderse e ir de cuerpo. A algunos niños se les puede enseñar a gruñir, o a soplar en una pajita o un globo para tener la sensación de "empujar". Sus pies deben apoyarse sobre un banquito que les permita "hacer fuerza" con mayor facilidad.

- Aumentar la cantidad de fibra en la dieta del niño, lo que hará que la materia fecal sea más blanda y fácil de evacuar, como se describe en la Clave 9.

- Sacar partido de los reflejos naturales del cuerpo que estimulan las deposiciones. Muchos niños serán capaces de ir de cuerpo más fácilmente después de tomar una bebida caliente. La sensación de calor y saciedad en la base del estómago suele desencadenar una evacuación al cabo de quince minutos. A otros niños se los puede ayudar dándoles un baño caliente o colocándoles paños tibios (no calientes) sobre el abdomen durante diez a quince minutos.

- Suministrarle al niño dosis diarias de un laxante o un purgante. La medicina más comúnmente recomendada es la vaselina líquida. Muchos niños necesitan tomar una medicación durante un período prolongado. Se la debe suministrar siguiendo las recomendaciones del profesional, sin disminuir ni interrumpir las dosis por cuenta propia. Suele ser necesario continuar con el uso del medicamento después de que el niño comienza nuevamente a tener deposiciones diarias. Si los padres interrumpen la medicación demasiado pronto, el problema tiende a reaparecer.

Si bien esta Clave describe el patrón de contención y retención común en niños de edad preescolar, los niños de mayor edad también pueden sufrir este problema. Es muy habitual que los niños comiencen a contener durante los primeros años de la escuela primaria. A medida que tienen más ocupaciones, disponen de menos tiempo para distenderse cuando están en casa e ir de cuerpo. Es posible que los baños del colegio sean menos atractivos o privados, o que los niños no quieran salir de clase o hacer un alto en sus actividades para tener tiempo de "hacer". Al igual que los niños más pequeños, retienen tanto como pueden. Pero en cambio, como sus padres no observan sus hábitos con respecto a las evacuaciones, estos niños de mayor edad tal vez continúen con su problema de contención y retención durante un largo tiempo. En general, el primer signo de este problema consiste en alguna "mancha", pequeña o grande, en la ropa interior, la cual se debe a una pérdida o desborde del intestino dilatado. Los padres deben tener en cuenta que se trata de una dificultad de origen físico, no relacionada con la conducta, y realizar una consulta con el médico, cuanto antes.

La mayoría de los profesionales de la salud saben que el problema de contención y retención tiene un origen principalmente físico, no psicológico. Todas las dificultades surgidas como resultado de las tensiones o los conflictos sobre el uso de la bacinilla o el inodoro suelen desaparecer rápidamente cuando se le brinda al niño un tratamiento médico adecuado. No obstante, si los padres sienten que se traban en una batalla con su hijo respecto de este tema, es conveniente que soliciten ayuda profesional. Los problemas relacionados con las necesidades fisiológicas casi nunca son el producto de dificultades emocionales, pero pueden ser sin duda la causa del estrés que afecta a padres e hijos por igual.

18

ENURESIS DIURNA

Muchos niños sufren "accidentes" con el control de su vejiga durante al menos seis meses después de empezar a usar el inodoro en forma independiente. En la mayoría de los casos, se tornan menos frecuentes a medida que el niño crece, aunque los "accidentes" ocasionales son normales hasta los cuatro años, incluso si hace más de uno que controla los esfínteres. A veces, los padres observan patrones de "accidentes" que revelan que el niño necesita recordatorios más frecuentes para ir al baño en casa o en la escuela, o que requiere de asistencia adicional para usar el inodoro cuando se encuentra en lugares poco conocidos. Sin embargo, algunos niños parecen seguir teniendo frecuentes problemas de incontinencia (*o enuresis*) mucho después de haber logrado controlar los esfínteres y mucho más tarde que la mayoría de los niños de su edad. Quizá los padres descubran que los recordatorios no sirven de nada y que además suelen provocar tensión.

Si notan que su hijo orina más a menudo o que siente la necesidad de hacerlo pero sólo produce cantidades pequeñas, deben procurar asistencia profesional. Las infecciones del tracto urinario son una causa común de los problemas de incontinencia diurna, por lo que se debe aplicar un tratamiento adecuado. Si no existen pruebas de infección, se pueden buscar otras causas. Una de ellas puede ser la irritación o una inflamación leve de la uretra provocada por un baño de burbujas o simplemente por sumergirse en una bañera con agua y jabón o champú. Se pueden lograr muy buenos resultados si se comienza a usar la ducha o a hacer baños de inmersión de agua sola.

Si un niño sufre de incontinencia frecuente, en ocasiones se debe a que aún no se ha hecho responsable de ir al baño para sus evacuaciones. Tal vez haya aprendido a depender de otros para que se lo recuerden o se resista a que sus padres lo hagan porque no quiere que le ordenen qué tiene que hacer. Si el niño suele ser capaz de permanecer seco fuera de casa, pero tiene muchos accidentes cuando está en ella con sus padres, se trata de un caso de resistencia a la participación de los padres. Para ayudar al niño con este problema, los padres tendrán que decirle: "Sabemos que no quieres tener más accidentes, pero también creemos que puedes hacerte cargo de ti mismo. Si sufres un accidente, te ayudaremos con la limpieza". Deben dejar de recordarle al niño sus obligaciones respecto del control de esfínteres y permitirle cometer suficientes errores hasta aprender que ellos realmente le delegaron toda la tarea.

Este método suele dar buenos resultados a partir de algunas semanas si el niño puede permanecer seco sin ayuda. No funciona si el niño desarrolla un patrón de conducta para orinar que interfiere con su capacidad para no mojarse. Algunos niños con enuresis diurna contienen la orina tanto como pueden. Se levantan a la mañana, se ponen a jugar o a mirar televisión y sufren un "accidente" porque ignoran la sensación de tener la vejiga llena y para el momento en que sienten la necesidad de "hacer", ya es tarde. A veces, el niño evacua una gran cantidad de orina, pero en general hace muy poco y, en ocasiones, camino al baño. Tal vez los padres lo observen comportarse como si quisiera orinar, pero en realidad lo que intenta es evitar hacerlo. Es típico que este niño tenga la ropa interior húmeda la mayor parte del tiempo, aunque vaya al baño. Estos niños, comparados con otros, van al baño con poca frecuencia y, cuando se les pregunta al respecto, responden "No necesito hacer". Si el padre o la madre les dice "Es hora de ir al baño", en lugar de preguntarles si quieren o si necesitan hacerlo, harán sus necesidades a tiempo.

Ocurre algo similar cuando el niño va al baño a orinar pero se sienta apenas por un breve lapso. Quizás orina un poco, pero en realidad retiene más. Dado que no vacía la vejiga por completo, tal vez se le llene de nuevo en seguida, lo que origina la necesidad de orinar nuevamente. Sufre "accidentes" porque no desea molestarse en interrumpir sus juegos o porque aprendió a pasar por alto las sensaciones de la vejiga.

Dichas conductas se pueden corregir, acostumbrando al niño a ir al baño más seguido y a vaciar toda la vejiga. En general es más sencillo cambiarle los hábitos a un niño si sus padres primero le ofrecen una gran cantidad de alguna de sus bebidas favoritas. Cuanto más beba, más orina producirá y más difícil le resultará ignorar las señales que le indican "hora de hacer". En segundo lugar, los padres deberán organizarle una rutina para que vaya al baño a orinar al menos cada dos horas. Cuando orina, es bueno estimularlo para que trate de evacuar un poco más si piensa haber terminado y elogiarlo si lo logra. Otro ejercicio que a algunos niños les resulta útil y divertido es cortar el chorro de orina y luego continuar orinando. Si se realiza este reaprendizaje durante algunas semanas es muy probable que disminuya el número de "accidentes". La mayor conciencia del niño respecto de su cuerpo junto con su satisfacción de poder permanecer seco contribuirán a modificar los hábitos subyacentes.

Un problema que se suele pasar por alto y que puede provocar enuresis diurna es la constipación. Si un niño produce deposiciones duras o ha desarrollado un nuevo patrón de evacuaciones infrecuentes e irregulares, quizá los intestinos estén ejerciendo presión sobre la vejiga para reducir su volumen. Antes de resolver el problema de la enuresis diurna, se debe tratar el de la constipación.

La mayoría de los niños que controlan los esfínteres hace un año o más presentarán pocos casos de enuresis diurna. No es probable que un niño que sufre "accidentes" lo haga por descuido o en forma intencional. Si los padres observan las conductas del niño, a menudo serán capaces de desarrollar un método que logre ayudarlo a permanecer seco. No obstante, si a usted no parece darle resultado ninguno de estos métodos, conviene que realice otra consulta con su profesional para obtener un diagnóstico más preciso.

19

ENURESIS NOCTURNA

*G*abriel *moja la cama a la noche, incluso cuando va al baño justo antes de dormirse. Tiene cuatro años y controla los esfínteres desde los dos. Sus incontinencias nos causan mucha frustración porque desearíamos que al menos uno de nuestros hijos dejara de usar los pañales. A Gabriel no parece importarle tanto como a nosotros, pero sabe que nos sentimos desilusionados.*

Es comprensible que los padres se sientan frustrados si su hijo puede usar ropa interior y permanecer seco mientras está despierto durante el día, pero se moja cuando duerme. Los padres de Gabriel pensaron que esta conducta era inusual, pues no sabían que la enuresis nocturna es muy común entre los niños pequeños y que se la considera normal a la edad de su hijo. Si bien algunos niños comienzan a permanecer secos a la noche a los pocos meses de haber logrado controlar la vejiga durante el día, otros quizá tarden varios años en dar este paso.

Los padres suelen asombrarse al enterarse de que alrededor del 25% de los niños de cuatro años sufre de incontinencia nocturna. Aunque a los niños les resulta más sencillo permanecer secos a la noche, a medida que crecen, el 15% de los de seis años todavía se moja a la noche, al menos en forma ocasional. Pese a que la enuresis nocturna es más común entre los varones que entre las mujeres, estas también presentan algunos casos.

Los niños aprenden a ejercer el control diurno de la vejiga cuando su cuerpo y mente están evolutivamente preparados. Si logran permanecer secos durante el día, suelen sentirse satisfechos y orgullosos. Sus padres también experimentan estos sentimientos con respecto al niño y a sí mismos por la ayuda que le brindaron. Una vez que sienten haber logrado éxito en el control de esfínteres diurno, tanto el niño como los padres pueden verse frustrados si les cuesta más de lo previsto alcanzar el control nocturno. Es común que el niño se desilusione más que los padres. El niño que ya no se moja durante el día quizá no quiera usar más pañales: desea sentirse más adulto y que ejerce mayor control. Tal vez los padres no estén de acuerdo con el deseo del niño de abandonar los pañales, pero tampoco quieren cambiar sábanas mojadas todas las mañanas.

La capacidad de permanecer seco durante la noche está más relacionada con el desarrollo fisiológico del niño que con su motivación psicológica. Nadie sabe con certeza por qué algunos niños no se despiertan a la noche cuando necesitan orinar. Los padres a menudo describen a su hijo como un "dormilón" que no se despierta con facilidad. Este sueño profundo es común entre los niños, pero no siempre se relaciona con la incontinencia nocturna. Hay quienes durante la noche producen una mayor cantidad de orina, que excede la capacidad de la vejiga para almacenarla. Sin embargo, se ignora por qué algunos niños se despiertan para ir al baño cuando su vejiga está repleta y otros continúan durmiendo.

Es común que la incontinencia nocturna se dé en varios miembros de una familia. Muchas veces uno de los padres, una tía o un tío tuvo el mismo problema de pequeño. La historia familiar puede afectar los sentimientos de los padres respecto de la dificultad de su hijo. A veces estos recuerdan que los regañaron o castigaron por mojar la cama cuando eran pequeños y tal vez que se sintieron avergonzados por ese "accidente", sin saber que alguien más había tenido el mismo problema. Si los padres tienen recuerdos desagradables de sus propias dificultades con la incontinencia nocturna, es posible que se preocupen si su hijo parece tener problemas similares. No obstante, cuando los padres descubren que otros miembros de la familia tampoco pudieron permanecer secos toda la noche hasta una edad mayor que la usual, les resulta más fácil abrigar expectativas más realistas acerca de su propio hijo.

Si un niño que usa pañales a la noche es capaz de permanecer seco por más de una semana, ya sea conteniendo la orina o despertándose para ir al baño, es razonable permitirle dormir sin ellos. Sin embargo, también es bueno tener pocas expectativas. Cuanto menor sea el niño, mayores serán las probabilidades de que ocurran "accidentes" después de un período inicial de noches "secas". Si usted llenó a su hijo de elogios por pasar una noche sin hacerse y luego él reincide en su incontinencia, no le haga vivir la situación como un fracaso. En caso de que persistan los "accidentes", tal vez sea necesario volver a usar los pañales y realizar un nuevo intento después de unas semanas o unos meses.

Si un niño no sufrió de incontinencia nocturna durante varios meses y luego comenzó a mojar la cama, es aconsejable realizar una consulta con su médico para asegurarse de que esto no se debe a una infección o una enfermedad. A veces, el retroceso en el control de esfínteres nocturno es el resultado de otras tensiones en la vida del niño: un nuevo colegio, el nacimiento de un bebé en la familia, una nueva *baby-sitter* o incluso problemas conyugales de sus padres.

Los padres prueban muchas soluciones para ayudar a los niños pequeños a resolver su enuresis nocturna. Dado que muchos niños dejan de sufrir este problema simplemente con el transcurso del tiempo, es difícil saber cuáles son los métodos que dan los mejores resultados. Quizás a usted le resulte de utilidad alguno de los siguientes:

- Haga que su hijo intente usar el inodoro a la hora de acostarse. En ocasiones, es útil que lo use dos veces: antes de los preparativos para la noche y antes de acostarse.

- Llévelo al baño cuando usted esté por acostarse o en mitad de la noche. (Este método tal vez impida que el niño moje la cama o disminuya la magnitud del "accidente", pero no es probable que le facilite el aprendizaje del control de esfínteres independiente.)

- Coloque una luz de noche en el cuarto del niño, y una luz de noche o una luz sensible al movimiento en el baño y en las habitaciones que deba atravesar para llegar a él. A algunos niños no les agrada salir de su dormitorio si tienen que entrar en cuartos a oscuras. También puede dejarle una bacinilla cerca de la cama. Es posible que se reduzcan los casos de incontinencia si mantiene el dormitorio de su hijo, al igual que toda la casa, a una temperatura cálida durante la noche, pues algunos niños sufrirán más "accidentes" si tienen frío, y algunos no querrán levantarse de la cama si hace frío en la habitación.

- Si su hijo no bebe muchos líquidos durante el día, tal vez lo haga después de cenar, con lo cual será más probable que sufra de incontinencia a la noche. Trate de darle más bebidas durante el día. Envíele una cantimplora al jardín de infantes y conserve una botella fría en el refrigerador para cuando él tenga sed, y vea si esto da algún resultado. No es bueno limitar los líquidos después de la cena pues la mayoría de los niños sentirán que se trata de un castigo. Dado que la cafeína, los jugos de fruta y las bebidas dulces pueden aumentar la producción nocturna de orina, después de la cena conviene darle al niño sólo agua o leche.

- A veces se logra ayudar a los niños capaces de permanecer secos más de la mitad del tiempo dándoles un cuadro en blanco donde puedan registrar las noches "secas" señalándolas con una estrellita o una figurita. Este método sólo funciona si su hijo siente orgullo de sus propios logros y no se desalienta ante un progreso irregular. No es bueno usar el cuadro si hace que el niño se sienta fracasado.

ENURESIS NOCTURNA

- Si un niño pequeño moja la cama a la noche en forma regular, el uso de pañales reducirá el trabajo a la mañana siguiente. Es razonable esperar que un niño que controla los esfínteres durante el día vaya al baño a la mañana, se quite el pañal mojado y lo arroje al cesto. Si se niega a usar un pañal para dormir, debe colaborar para cambiar las sábanas mojadas y ponerlas en el lavarropas junto con la ropa que también pueda haber mojado. Este trabajo se puede reducir al mínimo si se cubre el colchón con plástico y se coloca sobre las sábanas una almohadilla plástica envuelta en toalla para facilitar la limpieza. Se le debe inculcar al niño que colaborar en estas actividades es una responsabilidad coherente con su decisión de dormir sin pañales y no un castigo por mojar la cama.

- Si no se resuelve la enuresis nocturna para cuando el niño tiene siete u ocho años, se puede recurrir a una "alarma" sensible a la humedad, la cual se conecta a la ropa interior o pijama y despierta al niño con una campanilla o una vibración suave cuando moja la ropa o la cama por primera vez. Con el transcurso del tiempo, estos dispositivos son sumamente útiles para niños mayores muy motivados para controlar sus esfínteres, pero no son recomendables para niños menores, aunque se sientan frustrados a causa de sus "accidentes". Un niño menor de siete años no puede mantener la motivación durante las semanas o meses que tardará en lograr permanecer seco toda la noche. Si el niño experimenta un fracaso cuando comienza a usar la alarma, quizá se desanime tanto que no desee usarla nuevamente en caso de llegar a necesitarla unos años más tarde.

- Existen medicamentos para los niños que sufren de incontinencia nocturna. Si bien pueden ser muy eficaces mientras se los usa, la mayoría de los niños vuelven a tener el mismo problema cuando se suspende el tratamiento. No obstante, son muy útiles para los que necesitan un tratamiento inmediato (para ir de campamento, por ejemplo) o para el niño que se siente muy deprimido por mojar la cama. De todos modos, procure asistencia profesional para cerciorarse acerca de los riesgos, los costos y los beneficios que presentan dichas drogas.

Aunque la enuresis nocturna se considera un problema, es totalmente normal. Lo más importante que deben hacer los padres para ayudar a su hijo es permitirle saber que, si bien sus "accidentes" son frustrantes, él sólo tiene un "desarrollo tardío" y que muchos otros niños enfrentan la misma dificultad a su edad.

QUINTA PARTE
TRABAJAR CON OTROS

20

PROGENITORES QUE TRABAJAN

Los padres y madres que pasan el día fuera de casa tienen mucho por hacer a su regreso. Si a la vez tratan de preparar la cena, lavar un montón de ropa, recoger los juguetes desparramados por la cocina y aun tienen tiempo para disfrutar de ser una familia, añadir a estas actividades la rutina de la enseñanza del control de esfínteres puede parecer demasiado. De hecho, el aumento del número de familias en las que ambos progenitores trabajan fuera de casa es probablemente una de las razones por las cuales la mayoría de los niños alcanzan el control de esfínteres a una mayor edad que hace treinta años. Los padres que prefieren pasar su escaso tiempo libre jugando con sus hijos, leyéndoles libros o sin hacer nada en particular no se equivocan.

Por supuesto, sin importar cuán ocupados se encuentren a la mañana y a la noche, a la larga deberán incluir algunas actividades relacionadas con el control de esfínteres en el tiempo que comparten con su hijo. El método lento y pausado que sugerimos presenta la ventaja de no requerir que los padres dediquen mucho tiempo a la enseñanza diaria, a la vez que le inculca al niño conductas que lo ayudarán a comenzar y continuar su autoaprendizaje.

Los niños suelen tener más éxito en controlar esfínteres si cuentan con una rutina diaria predecible: una rutina matinal no es lo mismo que el ajetreo matinal. Aunque le parezca difícil planificar las actividades para prepararse y preparar a su familia antes de irse a trabajar sin tener que correr, o para reunirse a la noche sin que haya quejas ni discusiones, descubrirá que la vida familiar le dará más satisfacciones si logra hacerlo.

Trate de organizar una rutina matinal que incluya unos mimos o un momento especial con su hijo, al menos por unos instantes. A muchos niños les gusta meterse en la cama de sus padres para recibir algunos cariños. En ese momento usted puede hablarle sobre el día que se inicia, lo que él va a hacer, con quién jugará, el clima o cualquier actividad especial. Este tiempo compartido es importante porque, si no le presta atención positiva a la mañana, su hijo le exigirá atención negativa resistiéndose o discutiendo con usted mientras lo prepara para salir de casa. Algunos padres necesitan levantarse más temprano para que la rutina matinal sea más distendida.

Establezca una rutina para sacarle a su hijo el pañal de la noche, vestirlo y desayunar. Si él sabe qué va a suceder, le resultará más sencillo colaborar con cada paso. Cuando comience con el control de esfínteres, el momento ideal para la primera práctica de sentarse es justo después de quitarle el pañal. A la mayoría de las familias les da mejor resultado hacer que el niño se siente a la mañana, antes de que comience a jugar o mirar televisión. Una buena forma de saber si la rutina matinal funciona es analizar si su hijo trata de negociar con usted. Si lo hace, se debe a que piensa que la mañana es flexible y que existen otras alternativas. A usted le resultará difícil llegar a su trabajo a horario si se muestra demasiado flexible por la mañana.

Al terminar su día de trabajo comenzará lo que se denomina el segundo turno de los padres trabajadores. El suyo probablemente empiece al recoger a su hijo de la guardería o al saludarlo cuando llega a casa. Este momento es muy importante tanto para el niño como para el padre o la madre y es el que establece la atmósfera para el resto del día. Para desconectarse de sus actividades, comparta unos quince minutos con su hijo a fin de que él sienta que usted le presta atención; y usted se sentirá menos culpable mientras realiza todas las tareas de la rutina nocturna. Si su próxima actividad consiste en cambiarse la ropa de trabajo, puede llevar a su hijo y hacer que pruebe sentarse en la bacinilla. Deje para más tarde leer su correo, repasar los mensajes telefónicos y preparar la cena.

Su rutina nocturna probablemente incluya la cena, un rato de juego, el baño y la hora de acostarse. Dado que muchos niños pequeños comen mejor temprano, algunos progenitores les ofrecen algún alimento nutritivo mientras preparan la cena. Estos "bocadillos o "comida rápida", en especial si es caliente, quizá lo estimule a hacer, por lo que esta rutina puede facilitar el proceso del control de esfínteres. Si su hijo no se ha sentado en la bacinilla desde que usted llegó a casa, después de los bocadillos o la cena tal vez sea el momento oportuno para tener una práctica.

Para muchos niños, el baño es siempre un acontecimiento relajante y divertido, y el baño nocturno constituye una rutina placentera. Sin embargo, si a su hijo no le gusta bañarse, no tiene por qué hacerlo más de un par de veces a la semana. Lavarle las manos y la cara es suficiente para mantener la higiene y evitar inconvenientes. Cuando su hijo sí quiera bañarse, intente hacerle usar la bacinilla antes o después de que entre en la bañera.

El próximo paso consiste en acostarlo. Esta rutina será más fluida si no se la suma a otras. En general, es mejor tener una rutina breve que pueda repetirse todas las noches y no una serie de actividades más elaboradas que sólo pueden llevarse a cabo cuando usted no está demasiado cansado u ocupado. Y si una *baby-sitter* debe remplazar a los padres una noche, le resultará más fácil seguir una rutina si esta es sencilla y breve. La hora de acostarse no es la ideal para practicar el uso de la bacinilla, pues es muy probable que el niño la use para dilatar el momento de ir a la cama.

Si están en casa el fin de semana, los padres pueden aprovechar para practicar el uso de la bacinilla. Es probable que su prioridad en esas situaciones sea disfrutar de su hijo, no usar el inodoro. No obstante, tenga en cuenta que para muchos niños es un placer pasar el tiempo libre con sus padres, en casa el fin de semana. Si dedicar los fines de semana a usar la bacinilla implica recibir más atención distendida de parte de los padres, para muchos niños este será el mejor estímulo motivador.

21

CUANDO COLABORAN LOS ABUELOS

*C**uando nació José, a veces yo no estaba de acuerdo con lo que mi madre me aconsejaba para educarlo, pero siempre llegábamos a una solución satisfactoria para ambas. Ahora que José pasa muchos días con ella, algunas de nuestras diferencias son algo más difíciles de resolver, en especial cuando mi mamá me dice que puede enseñarle a controlar los esfínteres. Sin embargo, ¿cómo se puede estar en desacuerdo con alguien que ya crió a tres hijos y tiene cinco nietos?*

Puede ser una bendición contar con abuelos y abuelas dispuestos a colaborar en el cuidado de un nieto, pero no es inusual que a veces ellos y los padres no tengan los mismos puntos de vista. En la mayoría de los casos, los padres se sienten tan agradecidos por la ayuda brindada por los abuelos, y el nieto la disfruta tanto, que es posible superar las diferencias que surjan respecto de los métodos para educar al niño. A algunas se les encuentra solución y a muchas se las ignora. No obstante, si bien un niño pequeño puede adaptarse con facilidad a las reglas diferentes de los abuelos sobre las galletitas, la hora de acostarse o los pies sobre el sofá, que ellos tengan expectativas distintas acerca del control de esfínteres puede crear ciertas confusiones.

A menudo, los abuelos desean comenzar el control de esfínteres antes que los padres. La filosofía educativa de la pasada generación no estaba tan centrada en el niño como hoy. La expresión centrada en el niño se refiere a una manera de guiar a los niños de modo tal que puedan demostrar cierto grado de preparación o interés antes de que sus padres empiecen una verdadera enseñanza o entrenamiento. Sin embargo, muchos abuelos creen que esperar hasta que un niño decida estar preparado o interesado no es ofrecerle una buena estructura.

Otros quizá deseen mostrarse indulgentes con sus nietos, aun si esta no fue su actitud cuando educaron a sus propios hijos. Tal vez les digan a los padres que inician el control de esfínteres u otra actividad que deben avanzar más despacio y no ser tan exigentes. Es posible que se sientan protectores con un nieto, pero a sus hijos esta protección quizá les suene como una crítica. A veces, los abuelos se reservan ciertas críticas generales sobre la educación que reciben sus nietos, pero las expresan en sus comentarios acerca del control de esfínteres. Quizás un abuelo o abuela compare a un nieto con otro en forma tal que implique una crítica al niño o al padre. Todas estas conductas pueden afectar las actitudes respecto del control de esfínteres.

No es probable que las diferencias en la filosofía y el enfoque para determinar cómo y cuándo llevar a cabo el control de esfínteres establezcan una diferencia para un niño pequeño. Si los abuelos cuidan a su nieto varios días por semana o más, usted puede hablar con ellos sobre qué le gustaría probar y por qué. Incluso si un niño de dos años no parece preparado para papá o mamá, quizá lo esté lo suficiente como para practicar de vez en cuando el uso de la bacinilla con la abuelita. Dado que un deambulador no suele tener la misma necesidad de afirmar su independencia o actuar en forma negativa frente a sus abuelos como lo hace frente a sus padres, tal vez colabore más en el aprendizaje cuando está con aquellos. Siempre y cuando los padres se sientan cómodos con el método general que piensan usar los abuelos, es razonable que les permitan comenzar el control de esfínteres cuando estén con el niño, aun en los casos en que si fuera por ellos esperarían más tiempo.

CUANDO COLABORAN LOS ABUELOS

Si los abuelos no quieren participar en la enseñanza del control de esfínteres aunque los padres la hayan empezado, el niño puede adaptarse a las expectativas de cada uno. No es lógico pedirles que agreguen el control de esfínteres al tiempo que dedican al cuidado de un nieto si no se sienten cómodos para hacerlo. El niño percibirá la incomodidad y es probable que los resultados no sean buenos. Las distintas expectativas de cada hogar quizá prolonguen el proceso de control de esfínteres, pero si el niño está preparado para iniciar el aprendizaje, progresará de todos modos. Tal vez los abuelos tengan más deseos de participar una vez que el niño comience a sufrir menos "accidentes".

En caso de que los abuelos tengan más ansias que usted por comenzar el control de esfínteres y usted les permita hacerlo, la mejor forma de descubrir si existe algún problema es observar a su hijo. Si disfruta la compañía de sus abuelos y colabora en el control de esfínteres cuando está con ellos, no hay motivo de preocupación. En cambio, si comienza a mostrar sentimientos negativos acerca de los pañales, el uso de la bacinilla o los abuelos, usted deberá tomar cartas en el asunto. Es probable que logre hacerlos avanzar más despacio si les recalca que la razón principal de que el niño esté con ellos es que establezcan una buena relación y no que se dediquen al control de esfínteres.

Los abuelos, al igual que los padres, deberían evitar en especial sobredimensionar los logros del niño para que sus eventuales "accidentes" no le hagan sentir que los desilusiona. Asimismo, no tienen que regañarlo o castigarlo por sus errores con el control de esfínteres. Quizá lo más importante es que el niño jamás se vea inmiscuido en un desacuerdo entre los adultos sobre este tema.

22

LAS GUARDERÍAS

Si otros adultos cuidan de su hijo durante el día, usted deberá compartir con ellos muchas decisiones. Los padres escogen una guardería si les agrada su metodología y su forma de ocuparse de los niños. No obstante, tal vez usted la haya elegido mucho antes de que su hijo estuviera preparado para controlar los esfínteres, cuando el tema parecía demasiado lejano como para pensar en él. O quizá planee un cambio de guardería durante la época en que su hijo probablemente esté aprendiendo a usar la bacinilla. También es posible que encuentre una guardería que a usted le agrade mucho, pero cuyo personal tiene respecto del control de esfínteres expectativas que no coinciden con las habilidades actuales de su hijo. Si bien estas cuestiones sólo suelen afectar una parte pequeña del día que su hijo pasa en la guardería y de las actividades que allí realiza, pueden adquirir relevancia si usted y el personal a cargo del niño no tienen los mismos puntos de vista.

Cuando esté en busca de una guardería, le resultará útil averiguar cuán flexible es su personal con el control de esfínteres, formulándole preguntas al respecto, que también le revelarán el enfoque general que tienen de otros temas. Si un docente supone que todos los deambuladores están preparados para usar la bacinilla a una cierta edad, tal vez se deba a una falta general de flexibilidad. En cambio, si responde las preguntas de los padres dejando entrever que considera que los niños son distintos unos de otros, ya sea con respecto a la preparación para el control de esfínteres o a la duración de la siesta de un niño de cuatro años, generalmente los padres podrán inferir que también en otros aspectos muestra una mayor flexibilidad.

La buena comunicación entre los padres y el personal docente es de vital importancia en todas las áreas de la vida del niño, por lo cual los padres deberían informarse acerca de su hijo todos los días cuando lo llevan y cuando lo retiran, aunque todos tengan prisa. Si los padres no pueden dedicar parte de la mañana o la tarde a tener charlas informales con los docentes en forma regular, es aconsejable que procuren fijar reuniones. Los padres necesitan saber cómo le está yendo a su hijo en la guardería, y los docentes, cómo le está yendo en casa. Gracias a esta comunicación continua, será más fácil planificar el comienzo del control de esfínteres.

En ocasiones, un niño está preparado para empezar a controlar los esfínteres según su maestra, pero sus padres no opinan lo mismo. Esto se debe en parte a que los niños suelen comportarse en forma más madura y capaz cuando no están ellos. Esta diferencia en la conducta del niño con sus maestros no radica necesariamente en que los padres tengan menores expectativas o habilidades educativas. Se debe a que, con sus padres, el niño puede distenderse y actuar como si fuera más chiquito. También suele necesitar expresar muchos de los sentimientos negativos que debió reprimir todo el día mientras estuvo con otros niños y adultos.

Es útil observar al niño en la guardería y preguntarles a los maestros qué puede hacer por sí mismo cuando está allí. Si su hijo es capaz de hacer cosas fuera de casa que usted no sospechaba, tal vez desestima las habilidades del niño. Sin embargo, si descubre que está dispuesto a hacer para su maestra cosas que no quiere hacer para usted, quizá sea porque él aún no está preparado para mostrarse tan capaz durante todo el día y la noche.

Es posible que usted desee mostrarle a la maestra los signos que revelan si el niño está preparado para controlar los esfínteres que describimos anteriormente. Así, tomarán juntos una decisión respecto del momento oportuno. En caso de que estas ideas sean nuevas para ella, usted también podrá brindarle esta información en las primeras fases del proceso.

Si tanto usted como la maestra están de acuerdo en que el niño todavía no parece hallarse preparado, no tendrán ningún problema en esperar.

Si usted cree que su hijo está preparado para comenzar el aprendizaje, es aconsejable que primero lo consulte con la maestra para que se transforme en su aliada. Pueden hablar de lo que a usted le gustaría hacer en casa y lo que se puede hacer en la guardería. Tenga en cuenta que todo plan, incluso el que presentamos en este libro, debe considerarse una guía y no un conjunto de instrucciones rígidas. Si realiza una planificación conjunta con la maestra, tal vez descubra que el conocimiento que ella tiene de su hijo lo ayudará a usted a determinar los pasos a dar en su casa.

En ocasiones, una maestra les dirá a los padres que ya comenzó a enseñarle al niño a controlar los esfínteres. A los padres suele perturbarlos enterarse de que se tomó esta decisión sin consultarlos a ellos. Incluso si las maestras sienten que el niño está preparado y deseoso de participar en actividades relacionadas con el control de esfínteres en la guardería, deben obtener la aprobación de los padres. Sin hablarlo con ellos, podrían pasar por alto otros factores de importancia. Tal vez la familia esté por salir de vacaciones, mamá esté embarazada o por viajar a otro lugar del país para cuidar a la abuelita enferma durante una semana. Los docentes deben planificar el control de esfínteres a la luz de las necesidades familiares.

Si la maestra de su hijo da este paso, pero no representa su actitud usual, es posible que el niño esté más preparado de lo que usted pensaba y que ella no quiera cambiar más pañales. Hable con ella y vea si pueden llegar a un acuerdo conveniente para su hijo. Por otra parte, si se trata de una conducta común en la maestra, quizá le convenga evaluar si esta falta de comunicación favorece los intereses del niño. La mejor forma de cuidar de un niño es que los padres y los docentes actúen de común acuerdo.

CLAVES PARA DEJAR LOS PAÑALES

Si en la guardería se están dedicando al control de esfínteres y su hijo comienza a oponer resistencia, las maestras deben disminuir o suprimir la presión sobre él. De la misma forma en que los padres tal vez descubran que los problemas empeoran si tratan de superar la resistencia de su hijo recurriendo a la presión, es probable que los docentes experimenten lo mismo. Es peor, no obstante, que la resistencia del niño se extienda a punto tal que no desee ir más a la guardería, lo que representa un verdadero problema para los padres y las madres que trabajan fuera de casa. Dado que los niños suelen colaborar más con sus maestras que con sus progenitores, su resistencia es un serio llamado de atención.

A veces, los padres quieren enviar a su hijo a una institución que no acepta niños que usan pañales, por lo que es aconsejable que se informen sobre esta política. En ocasiones, las maestras pueden ocuparse de los niños que controlan los esfínteres pero que necesitan algún recordatorio y ayuda, y que sufren accidentes esporádicos. Otras veces, se espera que el niño sea independiente en el uso del baño. Por ello, conviene ser sincero con las maestras del niño, respecto de este tema. Si bien no hay ninguna relación entre las otras habilidades intelectuales y evolutivas del niño y su habilidad para usar el inodoro, los docentes pueden mostrarse poco flexibles respecto de la organización de su trabajo. Puede suceder que la guardería no cuente con el personal necesario para dedicarse a niños que requieren ayuda para controlar los esfínteres. Si las maestras no quieren cambiar pañales, no es justo pedirles que hagan una excepción con su hijo. Tampoco es bueno que le diga a su hijo que no puede ir a cierta guardería porque usa pañales. No es probable que esta clase de presión dé buenos resultados e, incluso, quizá se vuelva en su contra, dado que muchos niños se negarán a controlar los esfínteres ante estas amenazas. No conviene decirles a las maestras que un niño está instruido si esto no es cierto. Si su hijo todavía necesita usar pañales, quizá usted tenga que buscar una institución más flexible.

Los padres deben preocuparse si su hijo ya asiste a una guardería y no se le permite estar con sus pares porque él aún no controla los esfínteres y ellos sí. El niño que debe estar con compañeritos de menor edad y desarrollo evolutivo respecto de sus juegos y actividades porque usa pañales tal vez considere esta situación como un castigo. Si se siente triste, enojado o avergonzado por usar pañales, es menos probable que desarrolle la seguridad que necesita para controlar los esfínteres. El retraso así provocado seguramente retardará aún más el logro esperado.

Si su hijo tiene algún problema con el control de esfínteres, es conveniente que hable con la maestra del niño. No obstante, recuerde que incluso un docente experimentado no ha tratado tantos casos o posibilidades como un profesional de la salud, por lo que también le conviene procurar este tipo de asistencia.

23

EL JARDÍN DE INFANTES

Antes de comenzar el jardín de infantes, ya hacía más de un año que Esteban usaba el inodoro sin problemas. Ni siquiera notábamos cuándo iba al baño. De repente empezó a llegar a casa ¡con los pantalones mojados! A veces nos dice: Me olvidé, pero otras, ¡actúa como si ni siquiera se diera cuenta!

A Samanta le encanta usar vestidos. Varias semanas después de que comenzó primer grado, me pareció oler a pis en su ropa. Sí, sus bombachas estaban húmedas. Le hablamos y reaccionó como si no supiera a qué nos referíamos. Fue entonces cuando encontré ropa interior escondida en el fondo de su armario: estaba ocultando sus accidentes. Le dijimos que los otros niños sentirán el olor si ella no va al baño, pero no parece desear intentarlo.

La mayor parte de los consejos que damos en este libro están orientados a los padres de niños en edad preescolar que están aprendiendo a usar el inodoro en forma independiente. Una vez que un niño pequeño controla los esfínteres, sus padres suelen suponer que ya adquirió un dominio absoluto y que no hay nada más para hacer. Sin embargo, es posible que los niños que nunca presentaron dificultades al respecto comiencen a sufrir accidentes durante el período de transición entre la guardería y el jardín de infantes.

Para la mayoría de los niños, dicho cambio en su escolaridad representa un gran salto. Incluso si un niño formaba parte de un grupo grande en la guardería, la puerta del jardín de infantes representa la entrada a una nueva clase de relación con sus maestras, quienes tendrán expectativas mayores respecto de su conducta, su participación y su independencia en su clase.

En el jardín de infantes, el alumno nuevo trata de aprender muchas cosas a la vez: nuevas reglas y actividades, y el desafío de empezar a leer. Aun cuando el niño quizá se sienta muy contento con su maestra, sus amigos y todas las cosas interesantes que está aprendiendo, es posible que las nuevas experiencias le provoquen tensión. El estrés basta para hacer que algunos niños tengan "accidentes" ocasionales, pero en general influyen otros factores. Si los padres saben cuáles son las causas posibles de los "accidentes", el niño tal vez sea capaz de evitar tener tantos o logre no tener ninguno.

Las maestras de algunos jardines de infantes no siempre incluyen en las actividades diarias pausas para que los niños vayan al baño. En las guarderías, a la mayoría se le avisa cuándo es hora de usar el baño o se los estimula para que vayan en momentos determinados; por ejemplo, antes de comer o después de la siesta. Aunque durante el día se hagan muchos recreos en los que el niño podría ir al baño antes o después de una clase, quizá no se lo recuerden. Las aulas de muchos jardines de infantes cuentan con su propio baño, lo que constituye una ventaja, pues el niño no tiene que salir y caminar por los pasillos hasta un baño que también usan otros niños mucho mayores. Pero esta comodidad tal vez le haga suponer a la maestra que los niños no necesitan ayuda extra para usarlo.

Cuando se les preguntó a un grupo de alumnos nuevos de jardín de infantes por qué no usaban el baño de su aula, dieron una serie de respuestas que sorprendieron a su maestra: Porque ahí está oscuro hasta que se enciende la luz, y yo no la alcanzo antes de que se cierre la puerta; Porque hay un olor feo; Porque cuando salgo todos saben que acabo de ir al baño, Porque la ventana está abierta y el asiento se siente muy frío; Porque todo el tiempo dice ocupado. La última respuesta per-

EL JARDIN DE INFANTES

tenece a un niño de cinco años sin problemas de lectura, pero no se daba cuenta de que los otros niños no cambiaban el indicador debido a que aún no sabían leer. El mismo niño propuso una solución para este problema: "Si tengo que usar el baño, cuento a los niños que están en el aula. Tengo que incluirme en la cuenta y acordarme si alguno está ausente. Si todos están en la sala, sé que no hay nadie en el baño y entonces puedo ir".

Es probable que los casos más comunes de incontinencia en el colegio se deban a que los niños se dan cuenta de su necesidad de evacuar cuando ya es demasiado tarde. A menudo, los niños brillantes, persistentes y capaces de prestar atención sufren más "accidentes", precisamente por concentrarse tanto en sus actividades. A veces, los niños tienen tanto interés en lo que están aprendiendo que temen perderse algo si salen del aula para ir al baño. En ocasiones, un niño no siente la vejiga llena hasta que está tan repleta que se ve obligado a evacuar una pequeña cantidad de orina sólo para alcanzar el inodoro sin haberse orinado por completo. Otros tal vez lleguen al baño a tiempo, pero con tanto apuro para terminar que no vacían totalmente la vejiga y tienen que ir de nuevo una hora más tarde.

Las maestras no suelen advertir si sus alumnos tienen dificultades para permanecer secos. Tal vez el padre o la madre note que su hijo se retuerce o actúa de la misma manera cada vez que tiene que hacer, pero esta conducta no llame la atención de la maestra. Quizás un docente se dé cuenta si un niño dejó un charco grande en la alfombra, pero la mayoría de los "accidentes" pasan inadvertidos. No es probable que una maestra inmersa en sus actividades preste atención a un poco de humedad en la ropa de un niño.

Los padres que ven las marcas de humedad en la ropa de su hijo suelen suponer que este se hace encima. En general, el niño no evacua más que unas gotas, lo suficiente como para sentirse aliviado por un rato. Sin embargo, una pequeña cantidad de líquido puede parecer bastante grande en una tela. Haga la prueba de verter una cucharada de agua en los pantalones de su hijo y verá que una mínima cantidad de orina puede ser la causa de lo que usted consideró un "accidente" desmesurado.

Pero incluso pequeñas cantidades de orina comenzarán a heder al cabo de una hora aproximadamente. Por supuesto, este olor desagradable molestará a los padres y quizá sea lo bastante fuerte para que otros niños del colegio lo perciban, aunque no lo reconozcan. No obstante, es probable que el mismo niño no lo huela. Esto se debe a que alguien constantemente expuesto a un olor deja de percibirlo al cabo de un tiempo. Por ello, a usted le cuesta sentir la fragancia de un perfume o una loción para después de afeitar al rato de ponérselos, pero puede olerlos si alguien los usa. Entonces, si los padres le dicen al niño que su incontinencia es un problema porque hace que él tenga mal olor, este no comprenderá qué le quieren decir.

Cómo ayudar a los niños

Si su hijo tenía un control absoluto de los esfínteres antes de comenzar el jardín de infantes, es razonable suponer que no tendrá problemas en cuanto a su habilidad general para ocuparse de sí mismo en la escuela. No es probable que quiera sufrir accidentes. Quizás el niño que se siente molesto a causa de su incontinencia, pero que ignora cómo solucionar los problemas que la originan, enfrente su vergüenza fingiendo indiferencia. Si se siente avergonzado o teme que lo regañen o castiguen, tal vez oculte la ropa mojada, con la esperanza de que sus "accidentes" pasen inadvertidos.

Los padres tienen dos manera de ayudar a sus hijos a resolver los "accidentes" en el jardín de infantes. La primera consiste en planificar de antemano, a fin de evitar dificultades posibles; la segunda, en trabajar con su hijo y las maestras en forma conjunta si de todos modos surgen problemas.

A la mayoría de los niños que comienzan el jardín de infantes les resulta útil hacerle una visita antes de empezar las clases. Tal vez usted no pueda conocer a la maestra en ese momento y a veces las aulas aún no estarán preparadas para las clases, pero, en general, podrá recorrer las instalaciones. Fíjese dónde están los baños, entre y, si su hijo puede, haga que los pruebe.

Cuando conozca a la maestra de su hijo, infórmese acerca de sus reglas y rutinas para ir al baño. Si su hijo se queda en el jardín para realizar actividades extracurriculares, averigüe qué baños pueden usar los niños y si a los más pequeños se les dan recordatorios y se los supervisa respecto de sus necesidades. Después de que su hijo haya asistido a clase varios días, estimúlelo para que le cuente cuándo los niños usan el baño y qué reglas deben seguir. Pregúntele: ¿Alguno de tus compañeritos tiene problemas para llegar al baño a tiempo? A su hijo le resultará más sencillo comentarle acerca de sus propias dificultades si usted le pregunta sobre otros niños y no sobre él mismo. Por supuesto, es muy probable que sus respuestas sean ciertas también sobre él.

Si su hijo realmente tiene "accidentes" en el colegio o si usted le nota la ropa húmeda cuando regresa a casa, primero puede sugerirle maneras de llegar al baño a tiempo. Trate de no hacerlo sentir avergonzado. En cambio, averigüe cuáles son sus ideas para permanecer seco. Dado que es casi seguro que no sufre los "accidentes" durante todo el día, pregúntele: ¿Cuáles son las veces en que llegas al baño cuando tienes que hacer?¿Cómo logras hacerlo?De esta manera, su hijo se concentrará en sus logros y no en sus fracasos.

Si hablar con su hijo no le da ningún resultado, el próximo paso será recurrir a la maestra. La mayoría de los niños no hablan con su maestra acerca de este problema porque les da vergüenza. Usted puede preguntarle a su hijo si quiere participar de la conversación o bien hablar con ella a solas. Pídale sugerencias o ideas. La mayoría de los docentes no querrán tener la responsabilidad de seguir el progreso de un solo niño, pero desean crear un ambiente donde todos los niños se sientan cómodos. Es posible que una maestra no tenga inconvenientes en establecer un recordatorio para un niño o para toda la clase antes del recreo. Algunas pueden ignorar que tal o cual de sus alumnos tiene dificultades, pero después de enterarse, suelen mostrarse muy dispuestas a colaborar.

En casa, pregúntele a su hijo cuánto tiempo supone que puede pasar sin necesitar ir al baño a la noche y el fin de semana, y cuánto puede beber para aguantar dos, tres o cuatro horas. Calcule con él si su habilidad para aguantar concuerda con sus horarios de recreo o almuerzo.

Algunos niños responden de manera positiva ante pequeñas recompensas si pasan el día secos. En general, es mejor darles premios pequeños con bastante frecuencia que hacerlos tratar de alcanzar una recompensa más importante pero lejana en el tiempo. Recuerde que el mejor premio para un niño que permanece seco debe ser el sentido de su propia capacidad y no una recompensa externa.

Si pese a los esfuerzos de los padres, el niño continúa teniendo "accidentes" frecuentes que no se solucionan con el paso del tiempo, o si comienza a tenerlos en casa los fines de semana, deben procurar asistencia profesional a fin de descartar cualquier problema médico que pudiera ser la causa de la incontinencia.

SEXTA PARTE
LA VIDA FAMILIAR

24

CÓMO ESTIMULAR LA COMPETENCIA

*N*o *nos dimos cuenta de que Patricia se estaba comportando de manera más infantil que otros niños de su edad hasta que comenzó la guardería. Siempre fue tan tranquila que nunca nos preocupó que necesitara ayuda con todo, ya fuera para vestirse, recoger sus juguetes o, incluso, para comer en algunas ocasiones. En cuanto empezamos a exigirle más, su actitud se tornó más adulta, lo que sucedió cuando comenzó a usar la bacinilla por su propia cuenta.*

Parte de la cooperación que necesita el niño para tornarse más independiente en el uso del inodoro consiste en ayudarlo a ser independiente en todos los aspectos posibles. Es probable que usted ya haya aprendido a asistir a su hijo a enfrentar distintos desafíos y a sentirse exitoso. Por ejemplo, si a él le gustan los rompecabezas, usted sabe que debe escogerle los que no sean demasiado sencillos para que no se aburra, ni muy difíciles para que no se desaliente. Si le agrada jugar a la pelota, usted debe usar una de un tamaño que su hijo pueda atrapar con cierta facilidad y gradualmente enseñarle a mover los brazos y las manos para lograrlo. Cuando le esté enseñando a usar el inodoro, tendrá que hacerlo de la manera más sencilla posible para que él experimente los logros a medida que adquiere nuevas habilidades con su colaboración.

La mayoría de los padres comienzan la enseñanza del control de esfínteres usando un asiento con bacinilla portátil que pueda colocarse cerca de donde juega su hijo. Esto puede favorecer que el niño haga un alto en sus actividades y vaya a sentarse sin demora. Sin embargo, cuando termina de usarla, es bueno ir al baño con él para vaciarla y realizar la higiene necesaria. Los niños deben comprender que usar el baño forma parte del hecho de ser adulto.

Conviene que usted deje de recurrir al cambiador cuando su hijo tenga tres años, incluso si aún usa pañales, para ayudarlo a sentirse mayor. Si bien un cambiador facilita el trabajo de los padres, no es ideal para que el niño se sienta más adulto. Tendido en un cambiador, este se encuentra en una posición muy dependiente e infantil, incapaz de hacer otra cosa más que colaborar en el cambiado o negarse a hacerlo. En cambio, cuando necesite que le cambien los pañales o la bombacha-pañal, llévelo al baño. Su hijo puede ayudar a quitarse el pañal o la ropa y ponerlos en el cesto de la basura o en el canasto de ropa sucia, y luego usted puede llevar a cabo la misma higiene y lavado de manos que haría si él ya controlara los esfínteres.

El niño capaz de vestirse y desvestirse sin dificultad tendrá menos problemas para usar el inodoro y sentirse competente. Los niños de tres y cuatro años pueden ser más independientes si usan pantalones con cintura elastizada, fáciles de subir y bajar. La elección de otras prendas es menos importante en cuanto al uso del inodoro, pero si su hijo está acostumbrado a recibir ayuda para ponerse la ropa a causa de las mangas o de botones difíciles de abrochar, será más improbable que quiera vestirse solo. No tiene sentido pedirle a su hijo que colabore con usted durante el ajetreo matinal; reserve estas actividades para otros momentos (a la noche o durante el fin de semana) en los que tenga la flexibilidad y la paciencia necesarias para enseñarle a vestirse solo.

También es útil que le enseñe otras tareas de la casa típicas de niños más grandes. A veces, los padres no están seguros de lo que el niño es capaz de hacer sin ayuda. Es bueno observar o preguntar en la escuela qué pueden hacer los niños de tres y cuatro años y ver cómo facilitan estas actividades los logros de su hijo. Por ejemplo, los niños pueden lavarse las manos más fácilmente si tienen jabón y toallas a su alcance, y ordenar sus cosas o recoger sus juguetes si los lugares para guardarlos están señalados y a su altura. Cuanto más pueda hacer el niño sin ayuda, se sentirá más competente y más probable será que quiera volverse más independiente.

En ocasiones, los padres continúan manteniendo en sus hijos hábitos relacionados con los bebés. Aunque muchos niños de tres y cuatro años tienen objetos consuelo, como animales de peluche o frazadas especiales, a esta edad la mayoría está preparada para dejar los biberones y los chupetes, pues sabe que los usan los bebés y no los niños mayores. Si su hijo sigue aferrado a estos, es aconsejable que evalúe si puede o no ser un problema que continúe con su "objeto consuelo". Si en todas las otras áreas su hijo actúa en forma independiente, el uso continuo del chupete o el biberón tal vez no haga ninguna diferencia. Si parece considerarse todavía un bebé y no está dispuesto a vestirse o usar la bacinilla, usted quizá deba comenzar a tratarlo como un niño más que como un bebé.

25

UN NUEVO BEBÉ EN LA CASA

Todos nos decían que Carlos actuaría distinto después de que naciera su hermanito ¡y así sucedió! En cambio, fue más difícil predecir la frustración que sentiríamos ante su comportamiento. Aunque comprendíamos que se sintiera dejado de lado y que deseara llamarnos la atención cuando estábamos ocupados con el bebé, nos seguíamos enojando con él. Cuando comenzó a tener "accidentes" con el pis, quise morirme. Yo no tenía tiempo para nada, ¡y mi hijo de tres años se hacía encima y dejaba charcos para limpiar!

Cuando nace un bebé, la familia sufre muchos cambios que a menudo los padres no pueden prever. Antes del nacimiento, la mayoría tiene algunas preocupaciones respecto de su hijo mayor: cómo se sentirá y cómo evitar que se ponga triste, furioso o celoso cuando su hermanito o hermanita recibe la atención de sus padres. Después del nacimiento, los padres se sorprenden al descubrirse menos sensibles y comprensivos con su hijo mayor si este tiene las reacciones propias de un niño menor que está triste, furioso o celoso. La diferencia radica, por supuesto, en que antes del nacimiento los padres tienen tiempo para pensar en los sentimientos de su otro hijo. Después del nacimiento, no disponen de esta oportunidad, y su hijo mayor expresa sus sentimientos por medio de reacciones que en general demandan más tiempo de parte de los padres.

Quizás intenten estimular a su hijo mayor para que tenga sentimientos positivos respecto de su nuevo hermanito, puede que, en consecuencia, reaccione en forma muy positiva hacia el bebé pero muy negativa hacia sus padres. Esta conducta tiene bastante sentido, dado que son los padres quienes asumen una actitud diferente: hacen esperar a su hijo mayor para prestarle atención o bien no lo alzan ni juegan con él en los momentos que él quiere. Generalmente, en este comportamiento del niño mayor influye cómo se siente por compartir la atención de sus padres y cómo cree que puede aumentar la que le prestan a él.

Para un niño, sus padres nunca le dedican suficiente tiempo. Si le piden que comparta ese tiempo con alguien más, será razonable que trate de hacer cosas que, según supone, le devolverán la parte que perdió. Muchos niños reaccionan ante el nacimiento de un bebé en la familia comportándose como bebés. Tal vez su hijo empiece a hablar como un bebé, a pedir un biberón o a andar por todos lados con un objeto consuelo. Esta conducta infantil fastidia a muchos padres; ya tienen bastante trabajo con el nuevo bebé, ¡ocuparse de un segundo bebé es el colmo! Por ello, puede ser muy tentador decirle al hijo mayor: Deja de actuar como un bebé. ¡Ya eres demasiado grande para eso!

Decirle a un niño que deje de comportarse como un bebé no suele tener buenos resultados, pues ve que los padres le prestan a su hermanito muchísima atención a causa, precisamente, de sus conductas infantiles. Por lo común, un niño pequeño establece relaciones de causa y efecto basadas en lo que observa. "El bebé usa pañales, llora, usa chupete y recibe mucha atención —se dice—. Si actúo igual, también recibiré más atención".

Una de las reacciones más corrientes ante el nacimiento de un bebé es presentar problemas de incontinencia. Si el niño comenzó a controlar los esfínteres recientemente y aún sufría bastantes "accidentes" en la época del nacimiento, quizá sea más fácil para todos decirle: Ahora es demasiado trabajo para nosotros acordarnos de usar la bacinilla. Por un tiempo puedes usar pañales de nuevo y luego lo intentaremos otra vez. Deje el asiento con bacinilla en un lugar donde su hijo pueda usarlo si él lo desea, pero no se lo esté recordando. Al cabo de unos meses, todos tendrán el tiempo y la energía necesarios para recomenzar el aprendizaje.

Si su hijo mayor ya había superado la etapa de los "accidentes" frecuentes, es mejor seguir considerándolo instruido y aceptar su incontinencia como un problema transitorio. Si usted hace aspavientos o se enoja con él, puede incentivarlo a tener más "accidentes", ya que esta conducta le proporciona mayor atención. Al limpiar lo que ensucia su hijo le conviene mantenerse indiferente y decirle: "Muchos niños sufren accidentes cuando sus padres están ocupados o cuando un nuevo bebé les demanda mucho tiempo". De esta manera, le hará saber que lo comprende y acepta sus "accidentes" como una consecuencia de sus sentimientos, pero también se refiere a muchos niños, en vez de decirle que sabe lo que siente él en particular. Tal vez él no haya establecido ninguna conexión entre sus "accidentes" y su necesidad de mayor atención, y no es aconsejable que usted lo haga.

Los padres pueden tratar de estimular a un niño para que permanezca seco, elogiándolo por recordar ir al baño a tiempo, incluso si esta es una conducta que daban por sentada unos meses atrás. Algunos niños reaccionan en forma positiva si se registra en un cuadro con una estrellita o una figurita las mañanas o las tardes sin accidentes.

Asimismo, los padres deben intentar compartir un tiempo a solas con su hijo mayor todos los días. Es de especial importancia que las madres se reserven este momento, dado que son ellas quienes le prestan más atención al bebé. Si el padre o la madre dedican al menos quince minutos por día a su hijo mayor y le dicen: "Este es nuestro momento especial, sólo para nosotros", alguien más se ocupará del bebé mientras estamos juntos, provocarán un efecto muy positivo en la conducta del niño al cabo de unos días.

A veces, los padres no saben si comenzar o no con el control de esfínteres cuando falta poco para el nacimiento de un bebé. En general, si el niño parece preparado y falta al menos un mes para el parto, se puede empezar sin problemas. Si usted decide esperar, pueden transcurrir tres o cuatro meses antes de que tenga la energía para retomar el proceso y habrá desaprovechado mucho tiempo de práctica. Muchos niños no se distraen del aprendizaje del control de esfínteres con el nacimiento de un hermano y logran incluso un progreso increíble precisamente para demostrar que pueden ser ¡más adultos que el bebé!

26

EL RAZONAMIENTO DE UN NIÑO EN EDAD PREESCOLAR

Cuando nuestro hijo Marcelo tenía tres años, ya había hecho en el inodoro algunas veces, pero luego comenzó a negarse. Si no podía hacer en su pequeña bacinilla, no quería hacer en ningún otro lado. Finalmente le preguntamos por qué no deseaba usar el inodoro. Señaló en el asiento una rajadura diminuta que apenas se veía y nos explicó que ese era el motivo. Bueno, no hace falta aclarar que estábamos convencidos de que la solución sería cambiar el asiento. Por suerte, la rajadura no estaba en la parte principal del inodoro porque, aun con el asiento nuevo, Marcelo no quería usarlo. Decidimos ceder y dejarlo seguir usando su bacinilla. De hecho, incluso le compramos una nueva para poder llevarla con nosotros a lugares en los que sólo hubiera inodoros. Al cabo de unos meses, un día probó el inodoro de nuestro baño de servicio. No tuvo ningún problema y, en unas semanas, usaba el inodoro o la bacinilla que tuviera más a su alcance. Al poco tiempo, el asiento con bacinilla se transformó en un objeto del pasado. Me alegra no haber seguido preguntándole ¿por qué?, ya que si lo hubiera hecho ¡probablemente aún estaríamos hablando de lo mismo!

Los padres de Marcelo se sentían confundidos y frustrados por su negativa a usar el inodoro. Le pidieron una razón que explicara su renuencia y se las dio. Entonces pensaron que el próximo paso, comprar un asiento nuevo, sería la solución, pero no fue así. Si hubieran continuado preguntándole

¿Por qué?, quizás habría inventado otros motivos; sin embargo, se dieron cuenta de que las explicaciones de Marcelo no tenían nada que ver con lo que verdaderamente sentía y que esas preguntas no volverían más probable que usara el inodoro. En vez de seguir presionándolo, persuadiéndolo o instándolo, le hicieron saber que no había problema en que continuara usando la bacinilla hasta que se sintiera preparado para el cambio. Nunca descubrieron por qué se negaba, pero su renuencia disminuyó con el transcurso del tiempo.

A menudo, los adultos nos sentimos frustrados ante las reacciones de los niños que, para nosotros, no tienen sentido. Nos agrada pensar que, si hay un problema, debe de existir una solución, y que lo que para un adulto parece lógico y organizado lo será igualmente para el niño. ¿Acaso no hemos estimulado todos a un deambulador a comer hortalizas porque lo harán crecer fuerte y sano o a ir a acostarse para que esté bien descansado a la mañana siguiente?

Por ende, cuando un niño pequeño se niega a usar el inodoro, es natural que los padres primero lo presionen o insten, pero si esto falla, tal vez le pregunten: ¿Por qué no quieres usar el inodoro? Al formularle esta pregunta, se ponen en la situación de Aladino, que liberó al Genio de la lámpara pero no podía hacerlo entrar de nuevo. Si un niño siente que su respuesta al ¿Por qué? es lo bastante persuasiva como para que sus padres dejen de presionarlo, es posible que decida aferrarse a su explicación aun si la inventó en el momento.

Los niños pueden tener todo tipo de respuestas para una pregunta que comienza con un "¿por qué?". A veces, la contestación será tan descabellada que los padres sabrán que es un invento. Si su hijo le dice que no puede cenar ahora porque los caballeros de su castillo están en medio de una batalla, es bastante sencillo mantener su fantasía y replicar: "Hagamos que los caballeros tomen un descanso para que sus caballos puedan beber un poco de agua mientras nosotros cenamos". Con algo de suerte, es posible evitar una confrontación y la explicación de que los caballeros son sólo juguetes y que una batalla imaginaria puede postergarse hasta más tarde sin afectar su resultado.

No obstante, si los padres se sienten ansiosos o preocupados cuando su hijo se niega a hacer algo y lo presionan para que justifique su conducta, tal vez resulten engañados cuando su hijo les dé una respuesta que les crea esperanzas de haber encontrado una solución. Los padres de Marcelo pensaron que un asiento nuevo para el inodoro era la salida, así que fueron a comprarlo. Pronto descubrieron que no era la verdadera razón.

En ocasiones, la respuesta de un niño a la pregunta ¿Por qué? del padre o la madre puede crear aun más problemas. Es particularmente duro que los padres le pregunten a su hijo: ¿Por qué no quieres usar el inodoro? y que este responda que tiene miedo. Es cierto que a algunos niños no les agrada sentarse en el borde de un asiento grande porque los hace sentir demasiado inestables, y que algunos parecen renuentes a mirar cómo se va el agua del inodoro. Dos manera prácticas de tratar estos problemas son usar un adaptador para el asiento o tirar la cadena después de que el niño sale del baño. Es posible que algunos niños realmente tengan miedo de caerse dentro del inodoro e irse por las cañerías. Sin embargo, la palabra miedo puede tener muchos significados para un niño pequeño, incluso No quiero y en realidad no sé por qué.

Si los padres se ponen muy ansiosos ante la negativa de su hijo a usar el inodoro, pueden crear más ansiedad en el niño que no desea verse presionado. Si tienen miedo, la mayoría de los niños reaccionarán con temor más que por renuencia. Muchos les dirán a sus padres que sienten miedo, aunque no se les pregunten. Si un niño remiso descubre que, al revelarles su temor a sus padres estos dejan de fastidiarlo, tal vez empiece a insistir más con sus miedos.

Esto no significa que los niños nunca tengan temores. En

su maravilloso libro *The Magic Years* (Los años mágicos), Selma Fraiberg expone algunos de los miedos infantiles. Describe a un niño de cuatro años que se negaba a usar el inodoro porque creía que allí vivía una langosta monstruosa. Este pequeño había intentado contarles a sus padres acerca del monstruo, pero no lo querían escuchar. Fue el niño el que trajo el tema a colación, no los padres. ¡Fraiberg no sostuvo que los padres deben explorar los miedos del niño para encontrar una razón a su renuencia a usar el inodoro!

Quien conoce a los niños en edad preescolar coincidiría con Fraiberg en que estos pueden tener miedos a actividades cotidianas que para los adultos parecen totalmente inofensivas. Pero cuando los niños sienten temor, pueden decírnoslo sin que se lo preguntemos. Si un niño expresa, ya sea con palabras o con su conducta: ¡No, no quiero usar el inodoro grande, y sobre todo no quiero porque ustedes se la pasan tratando de hacer que lo use! es bueno escucharlo, disminuir la presión y evitar preguntarle ¿Por qué no?

Si le da tiempo a su hijo para crecer más fuerte y sano, o simplemente para volverse más seguro de sí mismo, es probable que vea cómo comienza a usar el inodoro sin que surja ninguna controversia.

27

CUANDO LOS PADRES DISCREPAN

*F*ue *sólo cuando llegó la etapa del control de esfínteres que mi esposo y yo empezamos a discrepar respecto de lo que teníamos que hacer como padres. Rubén comenzó a causarnos problemas y no sabíamos cuánto presionarlo, cuánto ayudarlo, cuánto esperar. No nos servían los consejos de amigos y parientes. Yo no podía creer que, de hecho, tuviéramos discusiones sobre si Rubén debería usar o no una bombacha-pañal.*

Si dos personas tratan de hacer algo juntas, en algún momento surgirá un conflicto o un desacuerdo. El padre y la madre no deben sorprenderse si descubren que tienen ideas opuestas respecto de la crianza de su hijo. Dado que existen muy pocas maneras inequívocamente correctas o incorrectas de criar a un hijo, es natural que distintas personas tengan a menudo puntos de vista diferentes. El proceso del control de esfínteres ocurre durante un período en que los niños prueban sus límites, afirman su independencia y requieren gran atención de sus padres. Por ende, no es inusual que sobrevenga un desacuerdo sobre la forma correcta de tratar una dificultad al respecto.

Cuando los padres discrepan entre sí, les conviene analizar su desacuerdo de tres maneras: ¿En qué? ¿Cuánto? ¿Por qué?

- Si el padre y la madre tienen expectativas diferentes de las de su hijo sobre qué implica estar preparado para controlar los esfínteres o qué deberían hacer para ayudarlo, tal vez les sea útil asegurarse de que sus puntos de vista se basan en una información similar. Es aconsejable que lean los consejos de este libro o consulten con un profesional a fin de saber qué es razonable esperar o hacer.

Conviene que cada progenitor averigüe cómo se comporta su hijo cuando está con el otro, pues a menudo los niños tienen distinto comportamiento con cada uno de ellos. Lo que funciona con uno tal vez no lo haga con el otro, no porque uno sea más eficiente que el otro sino porque la relación con su hijo es diferente. Es muy común que el niño pruebe sus límites con la madre más que con el padre, en particular si es la madre quien pasa la mayor parte del tiempo con él. Una vez que ambos padres se ponen de acuerdo sobre el método que funciona con cada uno de ellos y que también tiene en cuenta las expectativas razonables del niño, en general es posible llegar a un arreglo que respete los puntos de vista de ambos. Los padres no tienen por qué pensar igual, siempre que puedan ponerse de acuerdo cuando están juntos y que el niño comprenda qué puede esperar de cada uno de ellos.

- Si los padres discrepan sobre el cuidado de su hijo o cualquier otro tema, es importante que tengan en cuenta la manera que cada uno tiene de expresarse y de resolver los conflictos. Se sabe que no es bueno discutir frente a un niño pequeño, pues este no es capaz de juzgar cuán enfadados están sus padres si gritan o usan un tono violento. Tal vez el niño tema que, si sus padres se pelean, quizá no puedan ocuparse de él o que uno de ellos se vaya. Si los padres discuten sobre la conducta de su hijo, este se sentirá especialmente perturbado, ya que creerá ser la causa del problema y de lo que ocurra con sus padres.

Si estos discuten en presencia del niño (y la mayoría lo hace), deben explicarle que, en ocasiones, los padres se enfadan y tienen un desacuerdo, pero resolverán su conflicto. También es importante que sus palabras o el tono de su voz trasunten que lo han solucionado.

- Si los padres a menudo discrepan sobre el cuidado de su hijo, de modo tal que sus desacuerdos respecto de un tema como el control de esfínteres son muy difíciles de resolver, es bueno que se pregunten: ¿Por qué este problema nos crea tantas discrepancias? A veces, los desacuerdos entre los padres surgen cuando uno de ellos siente que el otro ejerce demasiado control en la educación de su hijo. Es muy común que el padre sienta que la madre le ordena qué hacer o que critica su manera de ocuparse del niño. Cuando aparecen dificultades, es comprensible que uno de los padres, que ya se siente frustrado, se enfade por la forma como el otro maneja el asunto.

A veces los padres disienten sobre la manera de fijar reglas y límites a un niño pequeño. Tal vez uno de ellos piense que el otro es demasiado laxo o demasiado exigente en cuanto a la disciplina. Este desacuerdo puede afectar el control de esfínteres si uno de los padres caratula al otro de muy estricto y este sostiene que el primero es excesivamente indulgente. En caso de que la discrepancia sea tan amplia, los padres deben evitar usar el tema del control de esfínteres como campo de batalla, pues el niño quizá reaccione negándose a seguir las indicaciones de ambos.

Si los padres son incapaces de resolver sus diferencias hablando, es aconsejable que participen de grupos de autoayuda o procuren asistencia profesional. No es posible evitar todos los desacuerdos, por más que se lo intente: son parte de la vida familiar. Si los padres aprenden a escuchar y respetar el punto de vista de cada uno y llegan a acuerdos satisfactorios mientras su hijo es aún pequeño, tendrán mucho más éxito en su función años después de que su hijo haya controlado los esfínteres.

28

EN CASA DE MAMÁ O EN CASA DE PAPÁ

Cuando un niño pequeño parece preparado para comenzar el proceso del control de esfínteres, los padres deben evaluar si también ellos lo están para hacerse cargo de la tarea de ayudar a su hijo a dejar los pañales y del inevitable trabajo extra, los accidentes y los percances que ello implica. Si los padres de un niño viven separados, cada uno tendrá que decidir qué hará cuando su hijo esté a su cuidado.

Es bueno que los padres se pongan de acuerdo en qué es razonable esperar de su hijo. También es importante que no traten de presionar al niño para que controle los esfínteres más rápido de lo que es capaz. Idealmente, ambos deben coordinar juntos los planes de cada uno con respecto al control de esfínteres para estar bien informados sobre el progreso del niño. Sin embargo, no es necesario que los dos traten a su hijo de la misma manera. De hecho, un niño puede dedicarse a aprender a usar la bacinilla con uno de sus padres mientras usa pañales con el otro. Hay varias razones para que los padres que viven separados sean flexibles en su enfoque del control de esfínteres:

- Si el niño ve a uno de sus padres con menor frecuencia que al otro, establecerá una relación diferente que con su progenitor primario. Tal vez tenga más deseos de colaborar con aquel al que ve menos seguido y oponga menos resistencia a las actividades relacionadas con el control de esfínteres. Al mismo tiempo, quizá se sienta más perturbado por sufrir "accidentes" si está preocupado por desilusionar al progenitor que no ve tan a menudo.

- En general es más sencillo para un niño comenzar a aprender una rutina nueva en un ambiente conocido. Si va de un hogar a otro, es posible empezar el proceso del control de esfínteres en uno y continuarlo en el otro. No obstante, los padres también pueden analizar en detalle su plan de acción y acordar que la vida en los dos hogares presente bastantes similitudes para que el niño se adapte con mayor facilidad. Será mejor para el niño, si su asiento con bacinilla es similar en forma y tamaño en ambas casas.

- Si uno de los padres comparte menos tiempo con el niño y lo ve mayormente los fines de semana o a la noche, quizá resulte dificultoso seguir un programa. Si el padre o la madre disfruta de llevar a pasear a su hijo, sus actividades en conjunto se verán menos alteradas si el niño continúa usando pañales durante el día hasta tener muy pocos "accidentes".

- Una buena forma de mantener una comunicación fluida y de darle al niño la oportunidad de sentirse orgulloso de sus logros consiste en que cada progenitor mantenga al otro informado de su progreso registrándolo en un cuadro, y ambos se pongan de acuerdo en qué necesitará hacer el niño para ganarse una figurita, una estrellita o cualquier otra marca que utilicen en el cuadro.

- Si uno de los padres parece muy preocupado con los logros de su hijo respecto del control de esfínteres y lo considera una prueba de ser un mejor progenitor, es preferible que el otro se mantenga fuera de esta competencia. Dado que un niño tendrá más logros al usar el inodoro cuando sea su propia responsabilidad, conviene protegerlo de las tensiones entre los padres.

Los hijos de padres separados no tienen por qué sufrir más problemas que otros chicos con el control de esfínteres. Sin embargo, todos los niños pueden sentirse perturbados si ven a sus padres discutir, y suelen manifestar su angustia en su conducta. Si su hijo parece enfrentar dificultades en esta o en otras cuestiones y usted cree que se debe a la relación que mantiene con su esposo o esposa, es aconsejable que solicite asistencia profesional.

29

EL LENGUAJE DEL BAÑO

*R*esulta muy difícil explicarle a Bruno por qué a veces está bien usar la palabra caca y a veces no. Me reí cuando dijo que el barro en el que dejaba huellas al caminar parecía caca, pero no me causó gracia que comenzara a señalar otras cosas y a llamarlas caca. Tampoco fue nada divertido que apodara a su hermana un gran montón de caca. Sin embargo, no es fácil darle explicaciones a un niño de cuatro años.

Es posible que, conforme leía este libro, por momentos usted se haya sentido un poco incómodo con las descripciones detalladas de las actividades relacionadas con el control de esfínteres. Si bien escogimos palabras que fuesen lo más neutras posible, cualquier descripción de los desechos corporales y de las partes del cuerpo involucradas en su producción tiende a hacer que la mayoría de las personas sientan que se utiliza un lenguaje inapropiado.

En parte, esta incomodidad probablemente se debe a que la zona del cuerpo relacionada con las evacuaciones de orina y materia fecal también se asocia con el sexo. No obstante, nuestra reacción negativa se basa asimismo en que los desechos son impuros y a menudo desagradables a la vista y el olfato. Los términos utilizados para describirlos también pueden sentirse desagradables.

No es sencillo elegir las palabras que empleamos para referirnos a estos productos y funciones, debido a que la mayoría de la gente prefiere evitar usarlas. En general, el lenguaje que utilizamos puede clasificarse en cuatro categorías: el lenguaje adulto, el lenguaje infantil, las malas palabras y el "lenguaje del baño".

- El lenguaje adulto emplea los términos de modo biológicamente correcto y por lo general neutro. (La prueba de que el uso contemporáneo influye en gran parte de nuestra elección del vocabulario es que la simple frase lenguaje adulto significa ahora lenguaje que los niños no deben oír.) En este libro, nos referimos a los órganos del cuerpo con descripciones anatómicas y a los desechos los denominamos orina y materia fecal o heces. En el "Glosario" el lector encontrará la definición de la mayoría de estos términos porque, si bien son correctos, no todos los usan o comprenden. Aunque no suela emplearlas cuando está con su familia, es bueno que los niños conozcan las palabras adecuadas para referirse a los productos y órganos corporales a fin de que no les resulten extrañas.

- El lenguaje infantil utiliza palabras a menudo inocentes y fáciles para un niño pequeño. A veces, son las mismas que usaban los padres en su propia infancia y quizá revelen su historia cultural y origen étnico. Si su familia emplea términos distintos de los de otras familias con las que está en contacto, asegúrese de que su hijo conozca estos últimos para que pueda pedir ayuda cuando necesite ir al baño.

- Los adultos suelen emplear palabras vulgares o malas palabras para describir las actividades relacionadas con el control de esfínteres, y a menudo también para expresar enojo o provocar una reacción en los demás. Si su hijo lo oye decirlas, sin duda las repetirá y ¡también provocará una reacción en los demás!

- El lenguaje del baño es el que usan los niños para provocar a sus pares y a los adultos. Tal vez se trate de términos sólo empleados por los niños o de las "malas palabras" de los adultos. Muchos niños los utilizan sin saber que esas palabras, dichas por un niño, pueden ser bastante chocantes. Pronto se dan cuenta de que producen un gran efecto en ciertos contextos y también les divierte jugar con términos apropiados en un sentido, pero inapropiados en otro. Les encanta hablar con sus amigos usando frases tales como cabeza de caca o cara de culo, al igual que tantas otras mucho menos agradables. A menudo, empiezan a emplearlas en la guardería debido a que sus compañeros están fascinados de oírlas y usarlas. La mayoría de los padres suponen que su hijo aprende a hablar así ¡de los otros niños!

Le resultará más sencillo enseñarle a su hijo a usar las palabras aceptadas por su familia si usted ya tiene un vocabulario y una forma de expresarse adecuados. Tenga en cuenta que si describe los desechos corporales como cochinos o apestosos, le estará agregando al vocabulario del baño una carga emotiva adicional. También es aconsejable que los padres no manifiesten enojo usando palabras con mucha carga si no desean que sus hijos las repitan. Los niños en edad preescolar son demasiado pequeños para entender por qué los adultos pueden usar palabras que a ellos les están prohibidas.

Cuando su hijo emplee vocablos que usted considere inadecuados, su primer paso debe ser decirle que lo que acaba de oír no es apropiado: "No me gustan esas palabras. Sé que te divierte usarlas, pero en nuestra familia no hablamos así". Si está con un grupo de niños que empiezan a cuchichear con el vocabulario del baño, puede decirles: "No quiero que hablen así". A algunos padres les da buen resultado decirle a su hijo: "Si te oyen decir esas cosas, nadie sabrá que eres un buen chico". No obstante, no hay motivos para darle una larga explicación de por qué establece estos límites. Si le recuerda las reglas con calma y firmeza, a la larga logrará su objetivo.

Si siente que su hijo intenta provocarlo con su lenguaje, puede pedirle que salga de la habitación. Dígale que si quiere emplear un vocabulario que lo incomoda a usted o a otras personas, tiene que estar en su cuarto o donde pueda usarlo sin que nadie lo oiga. Si su hijo utiliza el lenguaje del baño mientras juega con otros niños, quizás usted deba ignorarlos si no las dirigen a los adultos. Algunos padres ayudan a su hijo a sustituir estas palabras por otras más inocentes y menos groseras.

El peor error que cometen los padres cuando los niños utilizan este tipo de lenguaje es sobredimensionar la situación. Si un niño pequeño se da cuenta de que puede fastidiar a sus padres con sólo decir una palabra, es probable que también trate de hacerlo con otras personas. Para controlar el uso de este lenguaje, algunos recurren a técnicas tales como lavarle al niño la boca con jabón, hacerle probar una salsa muy picante u otros castigos severos. Estos métodos son eficaces para que el niño no emplee estas palabras en presencia de sus padres, pero no logran controlarlo fuera de casa. De hecho, el resentimiento que sentirá el niño a causa de estos castigos puede hacerlo más proclive a usar un lenguaje inadecuado a medida que crezca, como una forma de rebelarse contra el control ejercido por sus padres.

30

PRIVACIDAD

Cuando su hijo deje de usar pañales, quizás observe en él algunos cambios que se asocian con un mayor control del cuerpo. Tal vez muestre más interés en su privacidad cuando va al baño, aunque no tenga el mismo interés en respetar la de los otros miembros de la familia. Es posible que también comience a gozar de la libertad de explorar su cuerpo y de estar desnudo. Debido a todos estos cambios, los padres necesitan enseñarle al niño cuáles son las conductas adecuadas e inadecuadas para cuando esté en casa y en otro lugar.

Quizá su hijo empiece a querer usar el baño de su casa sin ninguna ayuda. Siempre y cuando no corra peligro, se debe respetar su deseo de privacidad. Por supuesto, los padres tienen que prestar atención a los ruidos —o al silencio— que les revelan que su hijo tal vez esté haciendo alguna travesura a escondidas.

Incluso si el niño está acostumbrado a la privacidad del baño de su casa, deberá adaptarse a situaciones en las que no disponga de tanta privacidad en otros sitios. La mayoría de las guarderías no les brindan a los niños una completa privacidad para usar el baño y, en algunas, se espera que usen un inodoro ubicado en forma tal que los demás pueden mirarlos. Cuando usted se encuentre en lugares donde su hijo no pueda ir al baño solo, él tendrá que sentirse cómodo con el hecho de que un adulto lo acompañe. Por estas razones, es aconsejable darle cierta privacidad cuando está en casa, pero dejándole en claro que a veces deberá permitir que el padre o la madre entren al baño.

Los baños públicos presentan un problema para los niños

pequeños, en especial para las niñas cuando salen de paseo con el padre. Nunca se debe dejar solos a los niños pequeños, varones o mujeres, en un baño público, pues requerirán asistencia para cubrir el asiento del inodoro antes de sentarse y para luego lavarse las manos. Asimismo, necesitarán la supervisión general de un adulto, por razones de seguridad. Trate de averiguar cuáles son las tiendas y restaurantes de su comunidad que disponen de baños adaptados para los niños. Frecuente estos negocios y agradézcales a sus administradores por su consideración. También puede comentarle al resto, que sería conveniente contar con las mismas instalaciones.

Cuando los niños dejan de usar pañales, les suele encantar estar desnudos y mirar su propio cuerpo y el de otros niños. Es común que los de tres y cuatro años se quiten toda la ropa con tanta despreocupación como un adulto se saca los zapatos. La mejor pauta para determinar la conducta apropiada para su hijo en casa será cuán cómodo se sienta usted. Al mismo tiempo, es bueno que los niños de esta edad comiencen a aprender la diferencia entre las reglas de su familia y las del resto del mundo. Un niño en edad preescolar debe aprender que, aunque en su casa ande desnudo, no puede desvestirse cuando va al parque o a la cena de cumpleaños de la tía abuela Carmen. Aun los padres a quienes no les importa que su hijo pequeño los mire usar el inodoro le dirán, a larga: "Perdón, querría usar el baño con la puerta cerrada", si pretende hacerles compañía con dos amiguitos. Con el tiempo, los niños conocerán muchos ejemplos de privacidad en su casa y en otros lugares, y comenzarán a aprender qué conductas son aceptables en distintas situaciones.

El interés y el encanto que siente su hijo ante su propio cuerpo también hará que desee explorarlo más tocándose los genitales y masturbándose. Si bien los niños de uno y dos años se masturban, sólo cuando dejan de usar pañales tienen la libertad de tocarse cuanto quieran. Aunque muchos padres se incomodan al ver a un niño pequeño frotándose o toqueteándose de una manera claramente sexual, deben tener en cuenta que este comportamiento es absolutamente normal. No obstante, pueden explicarle a su hijo que saben que le da placer tocarse sus partes privadas (o cualquier otra frase que usen para referirse a los órganos genitales), pero que debería hacerlo cuando está solo. Pueden pedirle que se vaya a su habitación o que aguarde hasta el momento de acostarse o de la siesta. Por supuesto, no puede esperarse que los niños entiendan por qué deben limitar esta actividad, así como no comprenden muchas de las otras reglas que les imponen los adultos.

De hecho, esta restricción en apariencia arbitraria ayuda al niño a entender que existen reglas y límites que la mayoría cumple respecto de la privacidad. Es bueno que los padres le digan que ahora que ya no usa pañales, nadie más le puede tocar los genitales. También es aconsejable que su hijo les informe a ellos o a otro adulto si un niño mayor, un adolescente o un adulto alguna vez le pide ver o tocar sus genitales. Aunque un niño no pueda protegerse de alguien que tiene un interés sexual hacia él, correrá menos riesgos si aprende a una edad temprana acerca de su derecho a la privacidad y la importancia de informarle a un adulto sobre cualquiera que viole las reglas que le enseñaron.

PREGUNTAS Y RESPUESTAS

Soy una madre soltera y tengo un hijo varón que está aprendiendo a usar el inodoro. ¿Debo enseñarle a orinar de pie?

Si el niño se sienta cuando está aprendiendo a usar el inodoro, tendrá menos dificultades y causará menos suciedad. Sin embargo, no pasará mucho tiempo antes de que vea a otros varones mayores que él orinar de pie. Deseará intentarlo y, entonces, será el momento de ayudarlo. Usted deberá colocarle un banquito frente al inodoro para que esté lo bastante alto. Su hijo tendrá que aprender a apuntar. Lo puede ayudar poniendo un calco en la parte posterior del inodoro o un trozo de papel higiénico en el agua que sirvan de blanco. Aun con la práctica, es lógico suponer que transcurrirá bastante tiempo antes de que deje de salpicar el asiento y el piso.

Mi hija de cuatro años quiere usar el inodoro de pie como su hermano. Traté de explicarle que las niñas tienen que sentarse, pero se enoja cuando se lo digo.

Es difícil que su hija comprenda por qué no puede orinar como un varón, aunque se lo explique. Algunos niños logran entenderlo si les dicen que la orina sale del cuerpo por un tubo. El de una niñita emerge de su cuerpo apuntando hacia abajo como una canilla mientras que el de un varoncito atraviesa el pene, el cual puede moverse como una manguera para apuntar. Si su hija desea intentarlo, no hay problema en permitírselo. Aprenderá más por sus propios medios que creyendo lo que usted le dice.

CLAVES PARA DEJAR LOS PAÑALES
▀▄▀

Mi hijo varón tiene cuatro años y siempre quiere que lo ayude a limpiarse la cola. ¿No debería hacerlo sin ayuda?

Usted puede ayudar a su hijo a hacerse cargo de la higiene empezando a compartir con él esta tarea. Primero lo limpia usted, luego se limpia él, y así sucesivamente. Deje que sea él quien haga la última pasada de papel. A algunos niños les gusta controlarse mirándose en un espejo. Haga que siempre se lave las manos después de la higiene.

Mi hija quiere usar ropa interior para ir a la guardería, pero todavía sufre muchos "accidentes". A las maestras no les importa que use pañales; sin embargo, no son muy tolerantes con los "accidentes".

Hable con las maestras para averiguar qué método funciona con otros niños que desean permanecer secos, ya que puede recibir algunos consejos útiles. Dígale a su hija que, a veces, se tarda un poco en recordar llegar al baño siempre a tiempo. Trate de ponerle ropa interior uno o dos días. Es posible que se sienta tan motivada a usarla que recuerde ir al baño a tiempo.

Mi suegra dice que le daría a nuestro hijo un laxante para sus constipaciones ocasionales. No me agrada la idea, pero ¿es realmente perjudicial?

No es probable que usar un laxante de vez en cuando cause daño; sin embargo, los laxantes son productos medicinales, aun cuando pueda comprarlos sin una receta. El médico de su hijo puede aconsejarle mejor si el niño necesita un laxante y, en este caso, cuál es el más seguro.

A nuestro hijo de dos años le gusta mucho la leche y se bebe cuatro o más vasos por día. Sé que esto lo constipa, pero se enfurece si le digo basta. ¿Qué podemos hacer?

Es natural que un niño de dos años se enfurezca cuando los padres le dicen "No". En este caso, su hijo se enojará porque usted pretende modificar una conducta que era común para él. Suele ser más sencillo decirle a un niño de esta edad cuál será exactamente la nueva conducta o regla. Por ejemplo, puede decirle: "De ahora en adelante, puedes beber leche tres veces por día y agua o jugo en las demás ocasiones". Entonces, cuando él quiera más leche, recuérdele la nueva regla. Es lógico suponer que se enfadará, pero, si usted permanece en calma y no trata de razonar con él, a la larga aceptará la nueva regla.

GLOSARIO

Ano: Orificio de salida del recto ubicado entre los pliegues de las nalgas.

Constipación: Deposición de materia fecal seca o dura. La evacuación irregular o infrecuente de materia fecal de poca consistencia es normal y no constituye un signo de constipación.

Encopresis: Incontinencia involuntaria de las deposiciones intestinales.

Enuresis: Incontinencia involuntaria de la orina.

Fibra: Componentes de las plantas que no pueden digerirse y pasan a través de los intestinos formando parte de la materia fecal. Para aumentar el volumen de las heces, la mejor fibra es la fibra insoluble de la capa externa del trigo y otras gramíneas.

Fisura anal: Pequeña herida superficial en la piel que rodea al ano, generalmente causada por la evacuación de materia fecal muy consistente. Puede ser muy dolorosa y difícil de cicatrizar debido a su ubicación.

Regresión: Retroceso en el desarrollo normal de un niño pequeño.

Temperamento: Estilo de conducta innato que influye en la forma en que el niño interactúa con las personas encargadas de cuidarlo y el medio que lo rodea.

ÍNDICE TEMÁTICO

Abuelos, 115-117
Alarmas, 107
Alimentos que dificultan las evacuaciones, 58-59
Alimentos que favorecen las evacuaciones, 59
Ano, 90
Aprendizaje parcial del control de esfínteres, 71-73
Atención, lapso de, 23-24
Bacinilla, 47-50
– elección de la, 49-50
– uso de la, 39-45
Baño de inmersión, 67, 113
Bebé, un nuevo, 137-140
Bombacha-pañal, 53
Bombachas descartables, 53
Brazelton, T. Berry, 27, 31
Constipación, 89-92
Contención de la materia fecal, 93-97
Control de esfínteres, 71-73
– en casa de mamá o en casa de papá, 149-151
– y regresión, 83-86
– y resistencia, 79-82
Deambuladores, 16-19
Diagramas, 62-63
Dieta, 57-59
Enemas, 91-92

Enuresis, 99
Enuresis diurna, 99-102
Enuresis nocturna, 103-108
Etapas del control de esfínteres, 35-37
Evacuaciones intestinales y constipación, 89-92
Fibras, 59; 90-91; 95
Fisura anal, 90
Fraiberg, Selma, 144
Guarderías, 119-123
Higiene, 65-68
Infección del tracto urinario, 67-68
Jardín de infantes, 125-130
Lavado de manos, 65-66
Laxantes y purgantes, 91-92; 96; 162
Leche, exceso de, 58-59; 162-163
Lenguaje adulto, 154
Lenguaje del baño, 154-155
Masturbación, 158-159
Medicamentos y enuresis, 107-108
Miedos para usar el inodoro, 143
Niños
– de dos años, 17-18
– de tres años, 18-19
– de un año, 16-17
Niño que se expresa con intensidad, 24
Niño preparado, 31-33
Nivel de actividad de los niños, 22
Nuevo bebé, 137-140
Orinar de pie, 161
Padres en desacuerdo, 145-147

ÍNDICE TEMÁTICO

Pañal, sólo en mi, 75-78
Papel higiénico, 66-67
Preparación del niño para el control de esfínteres, 31-33
Privacidad, 157-159
Promesas, 63-64
Purgantes (véase Laxantes y purgantes)
Razonamiento del niño en edad preescolar, 141-144
Recompensas y premios, 64
Regresión, 83-86
Regularidad, 22-23
Resistencia, 79-82
Ropa interior, 53; 162
Rutina, 111-114
Supositorios, 91-92
Temperamento, 21-22
Uretra, 66

ÍNDICE GENERAL

Introducción 9
Primera parte: Todos los niños son distintos
1 Desarrollo del niño de uno a tres años 15
2 Diferencias de temperamento..21

Segunda parte: Los principios básicos
3 ¿Cuándo comenzar? 27
4 ¿Ya está preparado? 31
5 El comienzo: Primera etapa 35
6 El comienzo: Segunda etapa 39
7 Elección de la bacinilla 47
8 Pañales, bombacha-pañal, o ropa interior:
   ¿Qué es lo mejor? 51
9 Dieta 57
10 Diagramas y recompensas 61
11 La higiene 65

**Tercera parte: Problemas comunes con el control
de esfínteres**
12 Aprendizaje parcial 71
13 ¡Sólo en mi pañal! 75
14 Resistencia 79
15 Regresión..83

Cuarta parte: Problemas más serios
16 Constipación 89

171

17 Contención de la materia fecal 93
18 Enuresis diurna 99
19 Enuresis nocturna 103

Quinta parte: Trabajar con otros
20 Progenitores que trabajan..111
21 Cuando colaboran los abuelos 115
22 Las guarderías...119
23 El jardín de infantes...125

Sexta parte: La vida familiar
24 Cómo estimular la competencia 133
25 Un nuevo bebé en la casa 137
26 El razonamiento de un niño en edad preescolar 141
27 Cuando los padres discrepan 145
28 En casa de mamá o en casa de papá.......................149
29 El lenguaje del baño 153
30 Privacidad 157

Preguntas y respuestas 161

Glosario 165

Indice temático 167

GUÍAS PARA PADRES

OTROS LIBROS DE ESTA COLECCIÓN

CLAVES PARA PADRES CON HIJOS ADOLESCENTES

DON H. FONTENELLE

Este libro ayuda a analizar los patrones de conducta y los problemas típicos de los adolescentes de hoy. También ofrece guías para entender algunas expresiones de la conducta que los padres ignoran y consejos prácticos sobre cómo aprender a vivir y a relacionarse mejor con su hijo diariamente.

CLAVES PARA CONVERTIRSE EN UN BUEN PADRE

DR. WILLIAM SEARS

Los padres tienen hoy un rol más importante que nunca. Un experimentado médico, pediatra y padre él mismo, comparte con los hombres todos los aspectos de la paternidad, desde asistir al parto a compartir con la mamá el cuidado del hijo. Sobre todo, este libro enseña que la función del padre da felicidad.

CLAVES PARA DISCIPLINAR A LOS HIJOS

DR. ESTEBAN NELSON SIERRA

Disciplinar a un niño es un largo camino que se comienza a recorrer desde el primer minuto de vida. Desde la premisa de que poner límites es algo que le damos a un hijo y castigarlo algo que le hacemos, el autor explica qué actitudes podemos tomar para que las normas no queden como una herida.

CLAVES PARA CRIAR UN HIJO ADOPTADO

KATHY LANCASTER

Preparación para la inserción, creando vínculos afectivos, desarrollando la autoidentidad y autoestima del niño, en sus etapas de crecimiento. La autora nos presenta una serie de actitudes y respuestas para criar hijos felices y bien adaptados, como así también la forma de integrarlos en la familia, responder sus preguntas respecto de la adopción y mucho más.

CLAVES PARA QUE LOS HIJOS SUPEREN EL DIVORCIO DE SUS PADRES

ROSEMARY WELLS

El divorcio nunca es fácil para el niño. Cuando sus padres se separan, los niños tienen fuertes sentimientos de culpa y pérdida y su autoconfianza, sus relaciones y su escolaridad sufren el impacto. Un libro invalorable para padres, abuelos y todos los que quieren ayudar a los niños a comprender lo que están viviendo.

CLAVES PARA NIÑOS CON PROBLEMAS PARA DORMIR
SUSAN E. GOTTLIEB

¿Cómo enfrentar las "batallas a la hora de dormir", que tanto agotan a padres y a hijos? Este libro presenta una serie de sugerencias para realizar rituales a la hora de acostarse, para crear un ambiente estimulante, para quitar el temor a las pesadillas, los problemas de insomnio, las sábanas mojadas y mucho más. Usted también se enterará de las características singulares del sueño en cada etapa durante toda la infancia, a partir del nacimiento.

CLAVES PARA ESPERAR Y CUIDAR A TU BEBE
DR. WILLIAM SEARS

Consejos prácticos sobre la salud de la madre y del bebé antes del parto y la crianza del bebé durante los primeros meses. El Dr. Sears aconseja acerca de la vinculación afectiva, la alimentación, el baño, la crianza y todos los detalles que la madre y el padre necesitan saber.